JN124132

# パーフェクトギフト

## THE PERFECT GIFT

クリス・ゴア

アンジェラ・ロック

共著

# 本に種をまく

「パーフェクトギフト」を読む時に、皆さんが希望と励ましで満たされることを信じます。私たちは、世界中にいる特別な支援を必要とする子どもたちの親または祖父母全員が、この本を無料で受け取ることを心から願い、それを目標にしています。

この壮大な目標を実現するために、読者の皆さんが本一冊分の価格と送料分を献金してくださることによってご協力いただければと願っています。そのことにより、世界中の家族に英語版の本書一冊を無料で届けることができます。献金額は34.95ドル(送料込み、約3,688円：1ドル105円52銭の場合)です。

この心躍るプロジェクトに対するご質問がある方、もしくはご参加いただける方は、下記のメールアドレスにメールをお送りいただくか、ペイパルアカウントをお持ちの方は、「本の種まき」と記載して上記の献金額を直接下記のペイパルアドレスまでお送りください。

愛を込めて
クリス・ゴア

メールアドレス：ThePerfectGiftProject@gmail.com
ペイパルアドレス：ThePerfectGiftProject@gmail.com
クリス・ゴア師のホームページ：www.chrisgore.org

# 献辞

　まず、世界中にいる特別な支援を必要とする子どもたちの家族に希望と励ましを届けるために、このプロジェクトに多くの時間を割いてくれた素晴らしいチームにこの本を捧げたいと思います。私は、彼ら一人ひとりを愛し、感謝しています。この素晴らしいプロジェクトは、彼らの多大な助力なしに実現することはありませんでした。

　私のために働き、特別な支援を必要とする子どもたちのための牧師でもあるアンジェラ・ロック師は、このプロジェクトを諦めずに追い求め、家族にインタビューをし、彼らの話を纏めてくれました。アンジェラ、あなたの助けがなかったら、「パーフェクトギフト」の出版は、もう数年先に延期されていたことでしょう。あなたがこの本のために尽力してくれただけでなく、これを実現するために注いでくれた素晴らしい情熱に、私は永遠に感謝します。

　私の生徒であるジョナサン・バーンルーサーは、多くの時間を割いて、この本のグラフィックアートやレイアウトをボランティアで手伝ってくれました。

　デイブ・アーンズは、無償で私の不十分な文法を校閲し、私を一廉の執筆者のように見せてくれました。

　また、私にとって非常に重要なことは、この本を、特別な支援を必要としている子どもたちを持つすべての親御さんに届けることです。皆さんは私にとってヒーローであり、世界中にいる皆さんに会えることは、私にとって驚くべき特権です。皆さんと皆さんの子どもたちを愛し、抱きしめ、ミニストリーができることを光栄に思い、すべてが良い結果になると確信しています。私たちは、人生に勝利する者です！

　そして、自分たちの物語を私たちに分かち合ってくださったご家族にお礼を申し上げます。イエスが皆さんの人生で為してくださったこと、そして、弱さをも世界中にいる人々に分かち合ってくださったその勇気に感謝します。この本を人々が読み、それぞれの人生に打ち破りを体験するとき、彼らの証もまた、読者の皆さんの家族にとって相続財産となることでしょう。

　最後になりますが、私はこの本を娘のシャーロットと特別な支援が必要な人々全員に捧げます。世界中の人が皆さんを見、知り、尊重し、愛しています。皆さんは重要な存在であり、私たちの友人です。リバイバルの顔なのです！　イエスの証は預言の霊です。イエスが支払ってくださったものすべてが満ち溢れる中に足を踏み入れるとき、この書かれた預言によってあなたの癒しが完了しますように！

# アンジェラ・ロック プロフィール

　アメリカ、オハイオ州出身のアンジェラ・ロックは、小児病院で 9 年間働いた後、カリフォルニア州レディング市に移り住みました。レディング市での 5 年間、彼女はベテル教会で特別な支援を必要とする人々の牧師として仕えていました。彼女とチームのメンバーは、癒しの打ち破りに重点を置き、特別な支援を必要とする子どもたちが評価され、愛され、力を与えられるための環境を整えました。

　また、彼女は子どもたちのチームリーダーとして、ヒーリングルームのクリス・ゴア師の下でスタッフとして働いていました。情熱あふれる大人たちと癒しのミニストリーを行なう 60 人の偉大な子どもたちを導き、建て上げ、彼らに力を与えてきました。彼らとともにミニストリーをすることは、彼女にとって大きな喜びでした。彼女は希望を運ぶ者であり、すべての子どもたちがキリストの中で自分の可能性を存分に発揮して歩むのを見ることに情熱を注いでいます。

# 読者の皆さまへ

　私にとって、特別な支援を必要としている子どもたちの親である人生の英雄たちに出会うことは、最高の特権でした。何年もの間、私たちは、尊い子どもたちの人生に癒しが訪れるのを見たいと願ってきましたが、子どもたちの両親もまた、日常生活の中で多くの励ましを必要としていることに気が付きました。私は、恥ずかしさと罪悪感に苛まれながら生き、癒しに対する神への希望を失った多くの両親と個人的に会ってきました。「パーフェクトギフト」の中心は、特別な支援を必要とする子どもたちを持つ両親や介護者に、神の言葉にある真理と励ましをもたらすことです。彼らは驚くべき人々であり、そのような励ましの言葉を待ち望んでいました。私たちは、彼らが子どもたちの過去の状態や今の症状を見る代わりに、子どもたちのアイデンティティを見る手助けをしたいのです。家族が繁栄し、希望が再び燃え上がるのを見たいのです。

　信仰ではなく、人間が創り上げた宗教は無力で、嘘であふれています。私は、特別な支援を必要とする娘の親として、私たちの家族もまた難しい問題と批判に対処しなければなりませんでした。火の中を潜り抜けるような日々を過ごし、今でもまだその激しさを感じる日もあります。しかし、熱い火の中でも、私たちは生き延びることができます。人生において、火の中で休むことを学ぶ時に初めて、打ち破りを体験するのです。

　皆さん、私たちは新しい時に生きています。大切な子どもたちの人生に打ち破りが起こり始めているのです。希望を得ることができない無力な宗教を一掃し、福音の力を受け入れる時です。イエスが支払ってくださったものを手に入れ、家族に癒しと希望が流れ込むのを見る時です。

　私は、皆さんが「パーフェクトギフト」に書かれている物語や教えを読むことによって、励ましを受け、希望が吹き込まれることを信じています。

愛を込めて
クリス・ゴア

# パーフェクトギフト

## （完全な贈り物）

**すべての良い贈り物、またすべての完全な賜物は、上からのものであり、光を造られた父から下って来るのです。父には、移り変わりや、天体の運行によって生じる影のようなものはありません。**（ヤコブの手紙一・17）

イエス・キリストによって書かれた物語ほど偉大なものはありません。まさに神の息が「光、あれ」と語る以前から、イエスはそこにおられました。イエスの物語は、世界の基礎が創造される以前からすでに始まっており、今も止まることがありません。二千年以上も前に私たちに与えられた最高の贈り物が、「インマヌエル（神がともにおられる）」という肉の形をとって地上に来られました。その名はイエスです。私たちがイエスとともにいのちを受け継ぐことができるように、ご自身のいのちを諦めるという最大の犠牲を払ってくださいました。私たちこそ、イエスの前に置かれた喜びだったのです。この本はイエスについて語っています。イエスがいなければ、皆さんがこれから読もうとしているどのような物語も起こることはなかったでしょう。イエスは私たちの癒し主であり、完全な贈り物なのです！

# 序 論

## クリス・ゴア

　すでに述べたように、この本の中心は、特別な支援を必要としている人々、そして彼らを大切にしている人々に、励まし、希望、そして信仰をもたらすことにあります。本書は主に、両親からの視点で書かれていますが、もし皆さんが尊い彼ら一人ひとりを大切に思っているのなら、皆さんも彼らに対する神の心を持っていることになります。この本は皆さんのために書かれています。障害があろうとなかろうと、お一人お一人が神から与えられた完全な賜り物であるからです。神は完全です。ですから、完全なものしか作ることができません。また、神は、当初デザインした形に物事を回復させるお方です。

　私たちは、特別な支援を必要とする子どもたちに起こった回復を何度も見てきました。今までも、これからも、神は常に癒し主です。出エジプト記15章26節で、神はご自身を「癒す主」と呼んでいましたが、その名は、私たちが置かれている状況がどうであれ、変わることはありませんでした。その名こそ神の本質であり、神は、御子イエス・キリストの死を通して、私たちの癒し主であることを永遠に約束されたのです。

　妻のリズと私には、シャーロット、エマ、ソフィーという3人の美しい娘がいます。長女シャーロットは1995年に生まれ、脳性麻痺を伴う痙性四肢麻痺（けいせいししまひ）を患（わずら）っています。私たちは、彼女の人生を通して、癒しに対する神の心と、彼女に対する神の心を深く理解する旅路を続けてきました。彼女との旅路が、私を癒しのミニストリーへと駆（か）り立て、忍耐、優しさ、愛、平和、不屈の努力、喜び、信仰について多くのことを教えてくれました。その過程において、私たちは癒しに対する神の心とシャーロットに対する神の心を知るためには、ただ、イエスを見る必要があることを見出しました。

　ヘブル人への手紙1章3節で、イエスは**「御子は神の栄光の輝き、また神の本質の完全な現れである」**と言い、ヨハネの福音書14章9節で**「わたしを見た人は、父を見たのです」**と言われました。私たちがイエスという人物を見るとき、イエスは人々に教えるために条件を与えたり、病気を負わせたりすることがなく、また、嵐を起こしたこともないことを知ります。その代わりに私たちが目にするのは、イエスのもとに来たすべての病人や手足の不自由な人が例外なく癒されたという事実です。イエスは、遭遇したすべての嵐を静められました。葬儀（そうぎ）に行く度に、葬儀を台無しにしました。自分の葬儀も含めてです！

　イエスが御父を正確に現しているなら、もちろんそうなのですが、御父もイエスのようであるということです。私たちは、御父の心が家族に向けられていること、そして、癒しのためにあることを知ることができます。

　最も悲しいことの1つは、特別な支援を必要としている子どもを持つ親の多くが、信仰だけでなく、希望も失っているのを見ることです。彼らが日々体験していることが、家庭と生活に多くの苦痛をもたらすのです。

　しかし、信じてください。私たちの家族も、以前はそのような体験をしていました。昨年、シャーロットは大変な一週間を過ごしました。彼女は常に動揺しており、不機嫌で、私たちが彼女を車椅子に座らせるとすぐに叫び、何度も医者に診てもらわなければなりませんでした。もしかしたら、背中にあるチタン製の棒の一本が折れてしまったのではないかと思い、再び手術をすることになりました。私は意気消沈し、心にある平安が侵食されて行くのを、ハッキリと感じました。

　クリス・バロトン牧師と話していた時に、彼は文字通り、人生を変える言葉を与えてくれました。彼はこう言ってくれました。
「クリス、嵐は周りにあるかもしれない。でも、あなたの内にある必要はないんだ。」

　その単純な言葉に含まれたイエスの啓示によって、私は再び平安を見出しました。信じる者は誰でも、いつでも、平安の人であるイエスに近づくことができるのです。どれほど困難な状況にあっても、その平安に近づけない瞬間などありません。皆さんも同じです。いつでも平安を受け取ることができるのです。

　障害があろうとなかろうと、私たち一人ひとりは神から与えられた贈り物であり、どれほど完全なものであるかを認めることから、この本を始めたいと思います。神が母の胎に私たちを形作ってくださったとき、私たちはすでに神の形をし、似姿に創造されていました。神は、完全なお方です！

　実際、子どものアイデンティティと子どもの状態は、2つの別のも

のであるにもかかわらず、1つのものとして見られることが多いということを目にしてきました。もう一度、言います。子どもは神から与えられた全く完全な贈り物です。しかし、子どもの状態は違います。

神は、ご自身が所有していないものを私たちに与えることができません。神には、病気や障害がありません。社会の一員として、また親として、私たちの多くは、なぜ自分の子どもがこのような状態になったのか、病気になったのかということに関して、平安を探し、折り合いをつけようとします。そして、それは神からのものであるという結論に達し、ある種の区切りを与えてくれるのです。この考えは確かに平安をもたらしますが、それは神が私たちに与えてくださる平安ではありません。それは、この世の平安です。

この分野における打ち破りを見ていないため、私たちは子どものアイデンティティと状態を1つにしがちです。しかし、神は子どもたちが病気になったり障害を持ったりすることを望んでおられません。私の思いを受け取ってください。神は子どもたちを愛していないと言っているのではありません。神が子どもたちを愛していることは確実であり、他の良いお父さんと同じように、自分の子どもたちのために最善を尽くし、彼らが健康になり、力強くなることを望んでおられます。私たちも、皆、そうです。

現代社会において、イエスは今日も癒してくださると信じていない人がいることを、私は知っています。正直なところ、子どもたちが自由になり、癒されるのを見たいという話題ほど、多くの反対に直面したことはありません。

本書の意図は、癒しの神学について議論することではありません。

なぜなら、聖書に書かれているイエスの人生を単に研究することを含めて、その話題に関する多くの素晴らしい資料があるからです。さらに、特別な支援を必要とする子どもたちのために意識的に祈ってきたこともあり、私たちは、自分と異なる見解や感情に特に夢中になる人々を見てきました。障害のある子どもたちに癒しがもたらされることに反対する人々は、多くの場合、痛みと失望から反対するか、単に私たちの心を理解していないだけであることが分かっています。しかし、御父の心を知り、子どもたちが癒されるのを見た家族と話をすることで、議論は収まります。今まで一度も話したことのない子どもが、初めて「ママ」と言うのを聞くことによって、物の見方が永遠に変わるのです。

希望があります。十字架で死なれたとき、イエスは私たちが受けるべきものを手にしました。それは、イエスが受けるべきものを、私たちが受け取ることができるようにするためでした。ヨハネの福音書10章10節には、こう書かれています。「**盗人（敵）が来るのは、盗んだり、殺したり、滅ぼしたりするためにほかなりません。わたし（イエス）が来たのは、羊たちがいのちを得るため、それも豊かに得るためです。**」（括弧内著者による）

注意して読んでください。神は、障害のある子どもを苦しめることによって、あなたを罰しているのではありません。良い御父はそのようなことをなさいません。御子は、すでに必要な唯一の罰を受けてくださいました。あなたが間違いを犯したから、このようなことが起こったということは決してありません。過去に、薬物の乱用や他の理由による困難を経験し、その影響を受けた子どもが生まれたとしても、イ

エスの血潮は過去と未来を変えるのに十分な力を持っているのです。豊かな人生を与えてくださるイエスを信じましょう。

　子どもたちにとって豊かな人生とは、発作、筋肉の痙攣（けいれん）、社会的孤立、言葉の壁などがない人生です。豊かな人生とは、他の人たちと同じように、神にある可能性を最大限に引き出すことができ、自由に走り、夢を見ることができる場所です。今日までに、自閉症スペクトラムの子どもたちが完全に、あるいは重要な打ち破りを体験した例が53件報告されています。イエスの癒しの力は信じる者すべての手の中にあります。つまり、その53名全員が、私やベテル教会での祈りを通して癒されたわけではありません。あなたの周りにいる人たちの内で働かれる「神」を見分けることを学んでください。

　神の御国では、感謝の気持ちが増し加わります。このことを念頭に置いて、私たちは、完全に癒された子どもたち、大人、そして癒される過程にある人々の物語の両方を取り上げています。これらは、彼らが直接体験したことです。

　各物語の最後に、私たちの洞察を打ち破りの鍵と考えるポイントに加えました。一人ひとりが体験した打ち破りは意義深く、すべての栄光を受けるに値するお方はイエスのみです。彼らの物語を読み、イエスが為してくださったことに感謝をし、聖霊があなたの信仰に火をつけ、神の御国が皆さんの家族に来るのを見たいと願いますように。イエスの全能の御名によって祈ります。

# 第1章　希望の種

### ブレンダンの物語

　他の証と同様、ブレンダンの証も驚くべきものですが、彼の自閉症が癒されるという預言的な言葉を初めて受け取った日から、私たちは2年間、希望を手放さずに握っていました。良い御父、誠実な御父を信じ続け、私たちの境遇が整わなくても神の約束を信じ、固く立っていました。そして、物事が絶望的に思われていた時でさえ、「しかし神よ。あなたはおっしゃいました！　息子が癒されると。御子の打ち傷によって癒されると」と、主の言葉を宣言していました。

　2013年5月25日の夜遅く、勇気と粘り強さを兼ね備えたブレンダンの信仰が、クリス・ゴア師の目の前でブレンダンの上に降り、彼らが祈ったとき、自閉症がイエスの御前に跪きました。ブレンダンは何度も祈りを受けていましたが、ついに、私たちは打ち破りを目の当たりにしました。彼は自閉症が自分の身体から離れるのを身体で感じました。その夜、愛が勝ったのです！　愛はいつも勝利を収めるのです。

ブレンダンは 2003 年 6 月に生まれ、生まれて 45 分経った時から、私たちの家族の一員になりました。その日、私たちは彼を養子にしました。彼がもう 14 歳だなんて、信じられません。

以前に、私は 37 週間での死産を含む流産を何度か経験し、ブレンダンが生まれる一ヶ月前に、また、流産をしました。困難な時でしたが、その経験がなかったら、彼は私たちの家族に決して加わることがなかったと思います。

悲劇的な喪失から生まれた麗しさは、ブレンダンが生まれた日に彼に母乳を与えることができたことです。すべてが素晴らしかったのですが、ブレンダンが母親の胎内で過ごした時間はすでに数多くの混乱に満ちていました。養子縁組の斡旋業者によると、実の母親が妊娠 20 週のとき、中絶手術を受けに行きましたが、子どもが男の子だったのを知り、考えを変えたそうです。また、彼女は喫煙、飲酒、薬物使用を繰り返し、妊娠中に虐待の被害者であったことも、その斡旋業者が教えてくれました。ですから、ブレンダンは拒絶され、混沌とした状態で私たちの家族となりました。私自身も、まだ身体的にも精神的にも癒される必要がありました。

私は線維筋痛症と診断されていて、不安、自殺願望、うつ病に苦しんでいました。18 歳で、パニック発作が起こり始めました。ある時、精神病院にいた私は「あなたが現われてくださるか、私の人生を終わらせてくださるか、どちらかをしてください！」と神に訴えました。ひどい夜驚症（深い眠りにある時に突然泣き叫んだり、悲鳴をあげたり、暴れたりする睡眠障害）と霊的な攻撃に悩まされていました。

ある日、神が夜中に私を起こし、語りかけてくださいました。これは重要なことに違いないと感じました。主は「薬を止めなければならない。薬があなたを殺している」とおっしゃいました。薬に依存していた私は、さらにパニックになりました。

しかし、これが 2 年間続く薬離れの始まりでした。その 2 年間というもの、いつも粘り強く、嘘を真理と交換し続けなければなりませんでした。この事を話した理由は、「私」が癒されるにつれて、ブレンダンも良くなり始めたことに気付いたからです。私は癒されず、ブレンダンが癒されたのなら、私は、彼の行動を導き、癒しの手助けをする方法を知らずにいたことでしょう。親として、子どもたちのために十分に健康で完全な状態でいられるように、私たちは、人生におけるあらゆる場所を、神に触れていただく必要があるのです。

お分かりのように、ブレンダンを養子にしたとき、私の人生に「期待を先延ばしにする」という印が押されました。私たちが想像していた人生ではありませんでした。私は子どもを埋葬し、ついに、愛する子どもを養子にしますが、私たちが想像していたのとは正反対の子どもでした。皆さんが、ブレンダンが癒される前の生活を想像することができるように、詳しく説明したいと思います。

彼は扱いの難しい赤ちゃんで、幼少期は数多くの症状に悩まされ、9 歳になるまでに手術を 12 から 13 回繰り返しました。ADHD、胎児性アルコール症候群、感覚統合障害、中等度から重度の自閉症と診断されました。彼は 90% の確率で、私たちが「ブレンダンの世界」と呼んでいる別の世界に行っていました。異常に活発で、自分がしていることに深く没頭し、他の世界に全く気付かず、自分の世界と他の世界を断絶していました。時々、彼の部屋へ行って彼が大丈夫かどうかを確認していましたが、私がすぐ隣に座っても、私がそこにいるこ

とに気付かないほどでした。視線を合わせず、社会的交流や感覚処理に関しては、全くの不適応でした。

　毎日が戦いでした。激しい夜驚症(やきょうしょう)のため、何度も起こされ、彼の服をすべて脱がせ、彼の目を覚ますために冷たいシャワーを浴びせなければなりませんでした。彼の現実は私たちの現実ではありませんでした。言葉の発達が遅れていましたし、幼稚園でクレヨンを食べるなど、口唇期固着(こうしんきこちゃく)注1でもありました。行動上の問題は深刻でした。赤ちゃんの泣き声が聞こえると殴りたい欲求に駆られ、悲しいことに、時々赤ちゃんを殴っていました。学校に通い始めた頃、いつも電話がかかってきました。人がそばにいることに困難を覚えていたからです。

　彼が8歳の時の評価報告書の一部です。

---

インベントリー・クライアント＆エージェンシー・プランニング（ICAP）注2

成績：47／4、

適応行動レベル：全体的に4歳2ヶ月の子どもと同等。得意分野は、個人行動。最も必要な分野は、社会的／コミュニケーションスキル。著しい不適応行動がみられる。

小児自閉症評価尺度：レベル2、高機能自閉症。合計素点は40.5。ブレンダンが重度の自閉症スペクトラム障害であることを示している。

---

　2011年の初めに、さらに多くの問題に直面しました。ブレンダンの目が斜視になり、眼球上転（眼球が上を向き一定時間戻らなくなる）の症状もあり、脳腫瘍か痙攣(けいれん)を起こしていると言われましたが、幸いにも、そうではありませんでした。その後、ヘルニアの治療が必要になりました。そのような状況の中でも、私自身は薬を止め、解毒を続けていましたが、まさに打ちのめされていました。その時は、わずか2ヶ月後にブレンダンが癒されるという、しっかりと握りしめるべき希望の種が私たちに与えられることを、知る由もありませんでした。

　このような状況の中で、私たちが前進し続けていなかったら、どうなっていたでしょうか。ストレスに押しつぶされそうになりながら、私たちは、神は何をしておられるのか、神は私たちにどのように応答して欲しいのかと自問し続けました。

　その希望の種は、ボニー・チャブダ師が私たちの教会でメッセージをした2011年4月にやって来ました。その週末、ボニー師は、第二列王記5章に出てくるナアマン将軍について語っていました。ナアマン将軍(わずら)が患っていたらい病の癒しは、彼が望むようなものではなく、癒しを受け取るためにへりくだり、癒されるまで7回も川に身を浸(ひた)さなければなりませんでした。

　ブレンダンを祈りのために前に連れて行く度に、私たちはナアマン将軍のように感じていました。さあ、またここでブレンダンを浸して。何度彼を「浸して」も、自閉症からの解放はありませんでした。屈辱的な時でした。しかし、私の内には、神がナアマン将軍を癒してくださったのなら、私たちのためにも癒しの御手を伸ばしてくださると感じるものがありました。このナアマン将軍の物語が私たちのレーマ注3となりました。

　ボニー師は「学習障害のある子どもを持つ人」にCDを配ると伝えてきました。彼女が私にそれを渡してくれたとき、このCDを聞いて子どもたちが自閉症から癒されたと言いました。私たちは、ブレンダンの症状は自閉症の可能性があると気付いてはいましたが、彼女はそれを知りませんでした。ブレンダンが自閉症であると正式に診断

されたのは、この出来事のすぐ後です。

ボニー師は何も言いませんでしたし、狂ったような過激な祈りもしませんでした。悪魔に向かって怒鳴ったり、叫んだりもせず、息子から出ていくようにと命令もしませんでした。彼女は、希望を解き放っただけでした。キリストの愛に浸る種を蒔いたのです。私たちはその種をしっかりと握りしめることを選びました。種を育て、守り、信じ、そして種が根付きました。ブレンダンが癒されるかもしれないと思ったのは、それが初めてでした。

> ストレスがたまるどころではありませんでした。しかし、置かれている状況をよそに、私たちは、神は何をしておられるのか、神は私たちにどのように応答して欲しいのかと自問し続けました。

日曜日の朝、礼拝の間ずっと、ブレンダンは何かをよく見ようと目を見開いているかのように「激しく瞬き」をしたり、見上げたり、見回したりしていました。後で何を見たのかを聞いてみると、「大きくてピカピカしている明るい翼がある綺麗な天使を見た」と言っていました。ボニー師が彼の上に手を置いたとき、私は彼を抱きしめました。私が「ブレンダン、癒される準備ができている？」と尋ねると、彼は「うん、お母さん」と答えました。ボニー師は油を手にとり、手のひらで擦り合わせ、私とブレンダンの頭に置きました。そして、私が最後に聞いたのは「ブレンダン」という言葉でした。私たちは2人とも霊に圧倒され、ブレンダンは私のおなかの上に静かに横たわっていました。彼の身体は伸びた麺のようになり、10分ほどその状態でいました。

彼は生まれてから、一瞬たりともじっとしていたことがありません

でしたが、私が神と出会い、倒れ、目が覚めた後も、彼は私の上に止まっていました。彼が私に従順だったのかどうかは分かりませんが、彼が数分間ジッとしていた後で、私は聖霊が彼に触れてくださったことに気付きました。彼には、聖霊に触れられたフリをすることは不可能でした。聖霊の力の下で、ブレンダンは「イエス様は僕を愛してる」と叫び、平安に満たされていましたが、良い意味で穏やかに呻いていました。

彼が我に帰ったとき、ほとんど話すことができずにいました。最初の言葉は「イエス様は僕にたくさん話してくれたけど、全部覚えてない」でした。それから、私に「ママ、イエス様は僕に会いに来てくれたんだ。天使たちも。天使たちが集まっていた。女の子の天使は金色の翼があって、男の子の天使は銀色の翼があるよ。神様が僕のことを癒してくれているのを感じたから、僕は呻いていたんだ」と言い、自分の心臓を指し、続けてこう言いました。

「イエス様は、『大丈夫だから心配しないで』って、僕に言ったんだ。僕を癒してくれていること、まだ癒しの途中だということ、癒しが終わって、いつか天国に行くって教えてくれた」

彼は、今日、神様が彼を癒して、私も癒してくれたと言い続けていました。

今まで、彼は天使を見たと言ったことがありませんでした。神との出会いの後で、私たちは、彼が癒される日が近いと信じることにしました。それがどのようなものになるのか、どのようにして癒しを求めて歩むのかさえ分かりませんでしたが、私たちは真理に焦点を当てることを選びました。

13歳になったブレンダンは、この時のことを思い出して、こう言っています。

「思い出してみると、昨日の出来事のような感じがする。神様と出会ったとき、僕は立ち上がったけど、天使を見て凍りついちゃったんだ。彼がそこにいるだけで怖かった。僕は彼を見て、僕を守って欲しいと思った。彼は鎧を着た騎士のような服装をして、翼は金属のように見えた。それから、残りの天使たちがやって来た。天使たちは、外野席のように2つのグループに分かれて3列に並んで立っていた。外野席はなかったけどね。翼をほとんど動かさずに、そこに浮かんでいたんだ。大きなクロムメッキのような剣を持っていて、僕は恐くて何も言えなかった。それから、巨大な剣を持った2人の大きな天使がいた。すると、火のようなものが見えたけど、それは氷のようにも見えた。本当に冷たい火のような濃い青色だった。

それから、イエス様がやって来た。とても怖くて、イエス様を見たら本当に死んでしまうと思った。イエス様はとても明るく、太陽のように輝いていた。一番明るい光よりも10倍も明るくて、それを直接見ると目が見えなくなっちゃうと思った。何か白いものを着ていたけど、透けて見えて、僕には彼の中にある光しか見えなかった。目はヨハネの黙示録にあるように、炎のようだった。僕は何も言えなかった。聞くことしかできなかった。イエス様が現れた時に、天使たちがみんなそこに居たということは、とても神聖なことに違いないと思った。僕が今までにイエス様の声を聞いた中で、一番はっきりとした声だった。イエス様は、『私が癒すから心配しないで』と僕に言ったんだ。それから戦いについて話をして、そして、お母さんに話すようにって言ったんだ。

目が覚めたら、2分経った気がしてたけど、20分だった。僕は光を見て目が見えなくなったんじゃないかと思って、2、3時間話すことができなかったんだ。」

預言的な言葉と神と力強く出会った後でさえ、ブレンダンは何も変わっていないように思われた2年間でした。私は「息子は自閉症ではない！」と宣言し続けました。前へ出て祈りを受けるようにという声を聞く度に、私たちは前へ進み行き、ナアマン将軍の物語を思い出していました。

2013年の春まで早送りしますが、クリス・ゴア師がメッセージを語るために来られることを知りました。私は彼のことを何も知りませんでしたが、彼のミニストリーで自閉症の子どもたちに打ち破りが起こったのを見た、と教えてくれた人がいました。ですから、クリス師が来る2,3週間前から、ブレンダンの準備を始めました。5月25日、車で集会に向かう途中、私はブレンダンにこう言いました。
「彼がお祈りをして、あなたの自閉症が消えていたら、素晴らしいと思わない？」
ブレンダンは、こう言いました。
「ママ、僕が自閉症で好きなことの1つは、創造力があること。クリエイティブであることを、やめたくない」
　彼は、癒されたら、自分のアイデンティティである創造力を失うのではないかと恐れていたのです。
「創造力は神様からの贈り物。神様が一度あなたに賜物を与えたら、絶対にそれを取り去ることはないのよ。創造力を失わずに自閉症から癒されることができるのよ！」

彼は、「すごい！　僕のために祈ってほしい！」と答えました。

ブレンダンが祈りを受け取ったのは、礼拝後の午後11時頃でした。あまりにも遅かったので、私は、クリス師のシャツに触って癒してもらうようにとブレンダンに言いました。しかし、ブレンダンは信仰と粘り強さを貫きました。

「ママ、だめ！　僕は彼に祈って欲しいんだから」と。

私たちはクリス師のところに歩いて行きましたが、時間が遅く、気が引けてしまいました。が、ブレンダンがクリス師に祈ってもらうように頼んだとき、私は、我が子の信仰によって天が揺れ動いたのが分かりました。クリス師はすぐに微笑み、彼の内側で何かのスイッチが入ったような感じがしました。長い時間をかけて祈るのではなく、短く祈ってくれました。そして、彼が次にとった行動によって、私たちは感動で包まれました。彼は、創造力をさらに発揮できるように祈ってほしいと、ブレンダンに頼んだのです。

私たちが神の偉大な人と考えるこの男性は、私たちのために夜遅くまで祈り、ブレンダンの人生に起こったことを受け留め、我が子と私たちに敬意を表してくださいました。ブレンダンに報いる機会を与えてくれました。その瞬間には、おかしなことや驚くべきことは何も起こりませんでしたし、少なくとも、身体的には何の変化もありませんでした。震えも涙もなく、その場にあったのは平安だけでした。しかし、目に見えるほどの信頼がありました。

家に帰る途中、ブレンダンは、何かが自分から離れるように「それ」が持ち上がったのを感じたと言いました。「それ」がなくなった気がするから、自閉症が癒されたと言いました。彼は、重りに繋がれてい

た風船からその重りが外れたのを感じました。後に、彼はその瞬間を思い出して、こう言っています。

「僕は何かが剥がれていくのを感じたんだ。何年も背負っている重いリュックを降ろすと、本当に気持ちいいでしょ！」

その夜以降、自閉症の兆候が完全に消えたわけではありませんでしたが、良くなっているのがすぐに分かりました。主は彼を薬から引き離し、私たちを解放し、非常に速い速度でその過程を進めているように感じました。彼は、2歳半の時から、行動をコントロールする薬と睡眠を助ける薬を服用していました。生まれて18ヶ月目以降、熟睡したことがありませんでしたが、今では熟睡しています。2013年の7月2日に、最後の投薬を終えました。

また、彼は周りの世界に関わり始めました。創造力を維持し、考えていることを表現しています。最近、物語を書き始めました。今でも内向的ですが、それも彼の性格の一部です。自閉症は、神がブレンダンを創造して下さった形の変形に過ぎません。あの祈りの瞬間から物事が変わり始めましたが、彼の完全な癒しは、まだ終わっていません。

この過程において、彼の奇妙な行動がすべて、すぐに止まったわけではありません。ある程度の進歩を遂げた後で、後退したように感じることもありました。彼は癒されるという信仰に固く立ち続けなければなりませんでした。私は、彼が起こすどのような行動も単なる嘘の症状であり、イエスの御名によって彼から出て行かなければならないことを知っていました。神は「わたしはある」というお方であり、イエスが十字架の上でなさったことで十分だと信じることを、私たちは選びました。「約束をする」神であり、その約束を守られるお方です。

2014年1月から彼の食事を変え始め、それが私たちにも大きな変化をもたらしました。時に、私たちがしなければならないことがあります。私たちを天国に導くのは、私たちの行為ではありません。しかし、神は私たちとパートナーになることを望んでおられます。すべての家族が同じように見えるわけではありませんし、家族は自分たちができること、一度に1つのことに集中しなければなりません。ブレンダンが完全に癒される過程において、私たちは選択をしなければなりませんでした。

そしてある日、私たちが目を覚ましたとき、今までのブレンダンとは違う子どもがいることに気付きました。息子が私たちと完全に繋がったのです！　この1年の間に、私たちは自閉症の行動すべてが消えるのを見ました。ブレンダンが創造力を失うことはありませんでした。今でもアイデアが浮かび、何かを発明するのが好きです。人生がどのように変わったのかについては、彼がこう言っています。「自閉症によって物事に恐怖を感じていました。前は、ある物がとても怖かったけど、今はもう怖くありません。手術がとても怖くて、散髪も怖かったけど、今はもう怖くありません。一番怖かったのはバリカンの音だったんだけど、癒された後は、一度もひるむことなくずっと座っていることができるようになりました！」

2015年1月、デビッド・ワグナー師が、ブレンダンは神と人に愛される人物に成長すると預言をしてくれました。ブレンダンは極端に小さいので、この言葉を聞いて、「ママ、聞いた？　僕が成長するって言ってくれた！」と反応していました。弟より少なくとも10〜12センチ背が低かったのですが、今では同じ身長になりました。信じられないほど成長したのです。2013年5月から現在まで、彼の体重は10パーセンタイル注4から25パーセンタイルに増え、身長は5パーセンタイルから30パーセンタイルに急に伸びました。人生の大半を10パーセンタイル以下で過ごしたことを考えると、彼にとって大きな成長であり、すべては2011年に植えられた最初の癒しと希望の種から始まりました。

ブレンダンの医師の1人からいただいた最近の報告書です。

2011年以降、当院ではADHDや自閉症の症状は見られず、治療を受けていない。

もし皆さんが希望を失い、諦めかけているような状況にいるなら、諦めずに希望を持ち続けてください。何百回もの祈りと何千回もの涙の後で、私たちの種が芽を出し、花咲いたのです。イエスの御名によって、皆さんの上に打ち破りを宣言し、解き放ちます！　神がブレンダンのためにしてくださったのなら、皆さんのためにも同じことをしてくださいます。小さい変化を祝ってください。私は、皆さんが地にご自分の杭を打ち、事実ではなく真理を信じることを選び、顔を火打石のようにしてイエスに向けることができるよう、溢れんばかりの勇気を贈ります。イエスこそ、力と慰め、すべての源だからです。

「約束をする」神であり、その約束を守られるお方です。

注 1　口唇での欲求が十分満たされなかったり、十分以上に満たされる時に起こるこ
　　　だわり

注 2　社会に適応できるかどうかを評価する団体

注 3　レーマ：聖書を読み、聖霊が個人的に語りかけ、受け取った御言葉

注 4　パーセンタイル値とは、同じ年齢の子ども 100 人の身長と体重を測り、順に並
　　　べた結果、10 パーセルタイルだと下から 10 番目に位置するという数値

# 打ち破りの鍵

## クリス・ゴア

　ブレンダンと彼の家族を長年にわたって知り、彼がどのような男性に成長していったのかを見ることができて、光栄です。彼の話は序文で語られたことを強調しており、子どもたちが神にある健康の中を歩むための鍵となっています。自閉症や脳性麻痺などの症状はアイデンティティの一部であるという話をよく耳にしますが、どのような状況にあっても、直面している状況を自分のアイデンティティの一部にすることはできません。彼らが持っている並外れた創造力や愛する能力を失っても、なぜ、癒されることを望むのか、と訊かれます。ブレンダンの話は、御父の心を完全に表しています。子どもたちが不安、混乱、孤立などの症状から解放されている間に、神は、彼らの愛、ユーモア、個性を取り除かないことを信じるようにと、私たちに求めています。ブレンダンは創造力と音楽の才能に溢れ、現在、自閉症がもたらした問題は何一つありません。

　また、ブレンダンの物語は、何百回も祈りを捧げてきたにもかかわらず、神は私たちのために動いてくださらないように見える時に、神に腹を

立てないことの重要性も教えてくれています。彼の家族は、信仰と彼らが「屈辱」と呼ぶものの両方を心に秘め、祈ってもらうために彼を何度も前に連れて行きましたが、何の結果も見られませんでした。彼らにとって、神に腹を立て、神はもはや息子を癒すのを望んでいないと結論づけるのは、容易なことでした。イエスとの出会いの直前に彼らが諦(あきら)めていたら、どうなっていたでしょうか。もし、失望や絶望、恐れを許し、もう一度だけ祈ってもらおうと前に連れて行くことを止めてしまっていたら、どうなっていたでしょうか。

　私たち夫婦は、2008年に彼らと同じような旅路を歩みました。娘のシャーロットは、首の骨の一番上から背骨の付け根まで脊椎を固定する手術を受けなければなりませんでした。私たちにとってトラウマになるような手術でした。彼女は大量の血液を失い、10日間、目が腫れて開けることができず、とてつもない痛みを感じていました。彼女が痛がっているのに、父親として、その痛みを取り去ることができないのは辛いことでした。集中治療室のドアとブラインドを閉めて礼拝を捧げました。私にとって決定的な瞬間でした。誰も座っていない椅子を前に置き、こう言いました。
「そこはお前の席だ。悪魔よ。そこに座って、何が起こるか見ていろ」
　かつてないほど神を礼拝し、心を注ぎ出し始めました。強制的に何かをしてもらうために神を礼拝していたのではなく、ただ神ご自身を敬愛したのです。私の心の中には神への怒りがあり、神と正直に話をする必要がありました。その日、彼女の枕元で神との同意を結びました。私は神にこう言いました。
「彼女がこのすべてを乗り越えるかどうかにかかわらず、その結果がどうであれ、まだ起こっていないことに対して、決してあなたに腹を立てません」
　マタイの福音書14章を見ると、イエスもまた、気分を害したり、失望したりする十分な理由があったことが分かります。イエスは親友であるバプテスマのヨハネの首が切られたという知らせを受けたばかりでした。祈るためにお一人で山に登られました。私は、イエスが痛みの真っ只中でも、天の父がもつ良さ、忠実さ、愛を再確認されるために、お一人になったと考えています。

私たちも同じことをする必要があります。今日、私たちが感じている落胆をどうするかが、明日の歩みに実（みの）る実（み）を決めます。奇蹟が起こらないからと言って、それが御父の本質や良さを定義するものではないという真理を受け止め、心から信じたらどうなるでしょうか。私たちが何を見ても見なくても、神は良いお方なのです。そうです。私たちは神の奥義の中で生きると共に、不安の中でも生きていますが、それでも神に対して怒りを持たないようにする必要があります。

　私たちが神に対して怒りを持っているかどうかを判断する一番良い方法の１つは、他の人が打ち破りを体験したとき、特にその人の勝利がまさに自分が必要としているものである場合、それを祝うことができるかどうかで分かります。その人とともに心から喜ぶなら、実際に、私たちは同じ打ち破りを受け取ることができるのです。ですから、イエスがブレンダンの人生になされたことを喜び、祝い方を知る人になりましょう！

## 考えましょう1

　この本を読み進める前に、御父に正直になる時間を取ってください。人生において、本当に素晴らしい状況であったとしても、失望に陥っていても、御父は皆さんの心に耳を傾けたいと願っておられます。神との真の関係と自由は、脆弱性（ぜいじゃくせい）の反対側にあります。神はそこで皆さんにお会いしますが、決してそこで見放されないお方です。

## 考えましょう2

　私たちのアイデンティティと運命はイエスにあり、人生の状況や状態にあるのではありません。時間をかけて、息子や娘、そして皆さん自身の真のアイデンティティを聖霊に示してもらい、それを書き留めましょう。頻繁に目にする場所にその紙を置き、神の視点と約束を思い出してください。

# 第2章　一瞬のうちに

## ピーターとリリーの物語

———————————————————————————————

　長い間、私は、愛<ruby>愛<rt>いと</rt></ruby>しいリリーは何かが違うことを否定してきました。しかし、彼女が2歳になった頃から、否定できないような信じられないほど危険なことをし始めました。一瞬でも目を離すと、フェンスをよじ登ったり、屋根に登ろうとしたり、<ruby>隣<rt>となり</rt></ruby>の家の庭に入ったり、店では通路を突っ走って行きました。その当時、どのように買い物をしていたのか、全く分かりません。何度も彼女を制止しなければならず、<ruby>蹴<rt>け</rt></ruby>ったり<ruby>喚<rt>わめ</rt></ruby>いたりする彼女を店から引きずり出さなければなりませんでした。他の人たちの目には、意地悪な親に映っていたのではないかと思いますが、私にできることは何もありませんでした。

　恐ろしいことに、彼女は熱も痛みも認識できなかったため、いつ<ruby>怪我<rt>けが</rt></ruby>をしたのか、体調が悪いのかが分かりませんでした。私に何も話さず、何に対しても<ruby>癇癪<rt>かんしゃく</rt></ruby>を起こしていました。彼女を家や車に<ruby>出入<rt>ではい</rt></ruby>りさせることが戦いだったため、どこへ行くにも大変でした。時折り、彼女は暴力的になり、音を立てずに私の後ろに近づいてきて、物で私の頭を<ruby>殴<rt>なぐ</rt></ruby>っていました。彼女は同じ保育園の子どもたち全員をひっかいたため、最終的に保育園を止めざるを得ませんでした。

　3歳になった頃、重度の自閉症であると診断され、施設に入れなければならないのではないかと考えました。私たちの生活は混乱していたからです。

リリーが生まれて数年後、私は再び妊娠しましたが、今度は息子でした。リリーが小さかった頃、自閉症のせいで逃してしまったことが体験できる機会を楽しみにしていました。ピーターは本当にかわいい赤ちゃんでした。私たちに何かを話そうと声を出したり、静かな音を立てたりして、彼こそ私たちが望んでいたすべてでした。

ところが、18ヶ月になった時、突然、彼が口を閉ざしたのです。優しい声が止まりました。彼も自閉症だと診断されるのではないかという思いが、脳裏をよぎりました。そのことが現実になったとき、私は床に伏して何時間も泣いていたのを覚えています。

「またこんなことが起こるなんて！」

その悲しみの瞬間、神の臨在が部屋に現れ「私は彼を癒す」とおっしゃってくださいました。それから数日間、私は天にも昇るような幸せな気持ちを味わっていました。すぐにでも、ピーターが癒されて話し出すと思っていたからです。癒しを待つこの旅路が、私にとって、約束を握りしめる訓練の場となりました。私がしなければならなかったことは、その約束を握りしめることだけでした。痛みと悲しみを感じる暇が無いように人に仕え、自分を捧げました。神が人々の人生で働いているのを見ると、自分自身に確信を持つことができます。彼らに向けられた神の心を見ることによって、神の心が自分にも向けられていることを知る助けになりました。

しかし、祈っていたにもかかわらず、また、ピーターがすぐに癒されると信じていたにもかかわらず、彼は後退し続け、さらに悪化していきました。

振り返ってみると、人生や状況が、恐ろしいほどひどい状態になった瞬間がありました。私は神に向かって叫びました。

「あなたが何もしないなら、私は死にます！」

身体的にも精神的にも疲れ切っていました。子どもたちのために、自分を守る必要がありました。ベッドに横になり、ポッドキャスト注5を聞いていました。メッセージを語っていた牧師が「ファイヤー」と言うや否や、私の身体が前後に揺れ、体内に電気が走ったように感じました。

その後、霊の領域をさらに意識するようになりました。神の真理を確信する霊の領域を体験しました。辛い時には、あの世界に戻れば救い出されると思うようになりました。断食を続け、祈り、神の言葉に立ち、私たちは大丈夫であるという確信を得られるよう、神に求め始めました。

私は、リリーが進歩しているかどうかを先生に尋ねました。答えは、リリーには協力が必要であるというものでした。そこで私は、その特定のものを主の御前に持って行き、娘のために霊の中で闘いました。1ヶ月が経っても、まだ打ち破りを見ることはなく、私は非常に落胆していました。しるしが必要であることを神に叫ぶと、その次の日、嬉しいことに、また驚いたことに、リリーが学校で協力賞を受賞したのです！　神が私に安心を与えてくださったのは、明白です。

娘が7歳、息子が4歳のとき、私たちは彼らのために癒しを求めてベテル教会へ行くことに決めました。必死でした。

私たち家族は、ヒーリングルームでとても信じられないような体験をしました。癒しのチームがリリーとピーターのために祈ってくれたのですが、私ともう一人の娘のためにも祈ってくれました。私は預言的な言葉を2つ受け取り、その言葉によって、良い意味で完全に砕

かれ、部屋ですすり泣いてしまいました。

チームが祈り始めたとき、彼らは自閉症を叱ることから始めました。私は本当に打ちひしがれていたため、覚えているのは、ひざまずいて祈りをささげ、変革されたことだけでした。その瞬間、私は今までの考え方から解放され、物事を違った目で見るようになりました。そうしなければならないことは分かっていたのですが、自分ではできませんでした。

彼らがピーターとリリーのために祈り始めたとき、私は、2人ともチームの人たちに祈ってもらい、触ってもらっているのに気付きました。これは、彼らにとって普通の反応ではありませんでした。しかし、最も心に響いたのは、子どもたちに対する彼らの愛情でした。彼らは子どもたちが持っている障害ではなく、子どもたち自身と心の強さを見ていました。私たちにとって、その日は最高の日となり、長女は「癒された！」と自信を持って言ったほどです。

翌日、私たちは再びベテル教会へ行き、ピーターとリリーを「ブレイクスルー（打ち破り）」と呼ばれる特別な支援が必要な子どもたちのための日曜学校に連れて行きました。リリーは先生の1人に何かを言い、プラスチックのボーリングセットで遊び始めました。リリーはこれが当たり前のことだと思っていたようですが、私たちにとっては驚きでした。彼女は、見知らぬ人とこのように繋がったことがなかったからです。また、ヒーリングルームでの様子と同じく、彼らがとても平安であることに気付きました。私はチームから預言の言葉をいただき、勇気づけられて教会を後にしました。

私たちはすぐに、リリーとピーターの両方に変化があることに気付

きました。どれほど平安を感じたことでしょう。彼らはさらに満足し、さらに多くのことを話し始めたのです。皆がその変化に気づきました。

以前は、常にイライラし、すべてが彼らの神経を逆撫でしていました。彼らはせっかちで、移り変わりが激しく、喜びや平安があまりありませんでした。予定通りに物事が起こらなかったり、お決まりの日課がうまくいかなかったりするとすぐに、彼らはイライラしました。このような葛藤の多くが消え去り、彼らに平安が与えられ、リラックスし、満足していました。私たちの家に喜びと幸せが戻ってきたのです！

また、2人とも非常に制限された食事をとっていました。ある物を食べると、一晩中目が冴えてしまって眠れず、皮膚や腸に異常が出てしまいます。ですから、食べ物がある場所に連れて行くことを止めました。彼らは手に入らない食べ物を見るとそれを盗み、私はその日の残りの時間、暴力的で、短気で、怒っている子どもたちと一緒に過ごさなければならなかったからです。

彼らは、この時点で100%癒されたわけではありませんが、今ではチキンナゲットやフライドポテトといった典型的なアメリカの子どもたちが食べる物を味わえるほど、癒しが起こっていました。その変化だけで、人生がとても楽になりました。

> **私たちの家に喜びと幸せが戻ってきたのです！**

私は、顕著な打ち破りがあったと信じていましたが、第三者にもそれを認めてもらいたいと思いました。学校に戻ることが評価基準であると分かっていました。最初の週、彼らを学校に連れて行きました

が、先生から「衝撃を受けた！」と言われました。以前、娘のリリーは学校で多くの行動上の問題を抱え、よく逃げ出していました。環境の変化についていけず、話すことができるのに、あまり多くを語ってくれませんでした。私は、彼女が気分障害を持っているかもしれないと懸念していました。

リリーが再び学校に戻ったとき、先生はショックを受けていました。リリーの態度が変わり、幸せに見え、環境の変化に対しても何の問題もなく、よく話し、逃げ出すという問題もありませんでした。以前は、学校の前で彼女を車から出すのを手伝ってくれるスタッフが必要でした。しかし、今は90%改善されました。また、以前は、私が彼女の髪にブラシをかけようとすると、とても怒って、私の顔を蹴ったりしていました。このような反応を起こさずに髪にブラシをかけさせることは非常に重要で、IEP（個別指導計画）に書かれた彼女の目標でした。週末に祈ってもらった後で、私は彼女の髪にブラシをかけることができるようになり、現在、IEPに書かれている彼女の目標は、髪にリボンを付けて学校に行くことです。

リリーがすべての目標を達成したので、今や、スタッフは新しい目標を作らなければなりません。彼女を見て、私は「この子は誰？」と自問することがあるほどです。

ピーターにもすぐに変化が見られるようになりました。以前は、特別支援学級に入っていても、早く迎えに来るようにと学校から電話がかかってきました。祈りの後、彼は非常に規則正しくなり、一日中教室にいることができるようになったのです。彼の先生は、彼の「素晴らしい日々」について私たちに教えてくれました。時々、彼は単語2語でたくさん話し、歌の一部を歌い始めました。どちらも、今までしたことがないことでした。

理解してもらえないかもしれませんが、息子はこれまで、ほとんど言葉を発することがありませんでした。彼に音を出させるのは、至難の業でした。以前は、時々、通りの真ん中に急に飛び出し、私たちが戻ってくるように言っても聞く耳を持ちませんでした。危険で、ゾッとする思いを度々してきました。今や、彼はずっと良くなり、周りに注意を払い、更に従順になっています。

また、最近、5歳の誕生パーティーを開くと、プレゼントに興味を持ってくれました。以前は、プレゼントを開けて横に放り投げ、箱からおもちゃを取り出すことさえしませんでした。彼が実際におもちゃに興味を持ち、もう1人の妹が彼のために箱を全部開けてくれるのを辛抱強く待った初めての誕生日でした。私たち全員にとって、何とハッピーな誕生日だったことでしょう！

私たちは今でも、神がさらに癒してくださることを信じていますが、癒しはまとまって来ることをこの旅路で経験しました。すぐに多くの平安で満たされましたが、やがて戦いがやって来て、私たちが得た基盤を奪おうとするのです。私はひたすら断食を続け、祈り、みことばを宣言しました。常に勝利の準備をしていました。同じような状況にある多くの親は、目の前で繰り広げられる子どもたちの行動しか見ることができないため、彼らが癒されることに希望も信仰も持てずにいると思います。私たちは、本当に長い間、独自の道を歩んできたため、この道が永遠に現実になってしまうと考えるようになっていました。しかし、一瞬で、私たちの現実が変わったのです！

一瞬で、私たちの現実が変わったのです！

注5 インターネットで配信される音声番組

# 打ち破りの鍵

### クリス・ゴア

　ピーターとリリーのお母さんから話を聞いたとき、彼女が重要な鍵を見つけたことが分かりました。それは、私たちの子ども達と体験したプロセスでもありました。彼女は、大きくても小さくても、すべての打ち破りに気付き、祝うことを知っていました。誰かが子供たちの肩に手を触れるという一見単純なことから、IEP（個別指導計画）の値が変化することまで、すべてがこの家族にとって重要なことでした。すべての奇蹟は目を見張るほど見事です。イエスがいなければ、まったく不可能なことだからです。

　すべての打ち破りを祝い、神への畏怖に留まる方法を学びましょう。特別な支援を必要としている子どもの親や介護者は、否定的な状況が数多く起こるため、落胆や絶望に陥りやすくなります。しかし、まだ起こっていないことに注目するのではなく、何が起こったのか、何が起こっているのかに目を向けるなら、自分が神からいただいた励ましの中で生きていることに気付きます。娘と一緒にいて、彼女が新しい音を発したり、よく寝たり、ポテトチップスを食べたりすると、私たちは興奮します。そのような瞬間のすべてが、私たちにとって重要なのです。

　私たちの源であるイエスに繋がれば繋がるほど、そして、何が起きたのか、何が起きているのかに焦点を当てれば当てるほど、私たちはます

ます勇気づけられ、感謝という力と祝福に近づくようになるのです。御国の現れは、感謝を表すことを学ぶことによって増し加わります。感謝すればするほど、より多くを見ることができるようになります。

　ヨハネの福音書6章には、奇蹟を必要とする飢え乾いた人々が大勢おり、大麦のパン5つと魚2匹を持った少年がいたことが書かれています。イエスが感謝を捧げてからでなければ、5000人全員を満たすほどの十分な食料にはなりませんでした。もし神が時間という概念の外にいるのなら、実際にそうなのですが、私たちは打ち破りが起こる前に祝うべきではないでしょうか。代価はすでに十字架で支払われたことを知っているのですから。

　感謝すると同時に、私たちはより多くの打ち破りを飢え渇いて求め続けます。感謝と飢え渇きの間にある葛藤の中に、知恵があります。さらなる打ち破りを心から求めずに、いつも感謝するだけなら、満足する場所で停滞することになります。しかし、感謝せずに常に求めるばかりになると、絶望と不信につながり、結果的に何も実を結ぶことはありません。大きな打ち破りと小さな打ち破りを祝う時に、さらに打ち破りが起こるよう祈ることも忘れないでください。

　では、私たちがまだ目にしていないものに焦点を合わせることからくる落胆を糧に影響を受けるのではなく、目にしたことを楽しむようになったら、どうなるでしょうか？　もし、私たちが最も感謝する人になり、人生における小さな打ち破りや癒しを目にする前からそれらを祝い始めたら、どうなるでしょうか？

## 考えましょう3

　主がなされたことを覚えることに、力があります。感謝の日記や、息子や娘の人生に起こった変化のリストを作り始めましょう。大きな進歩であろうと小さな進歩であろうと、すべての打ち破りを書き続け、イエスがなさっていることをお祝いしましょう。皆さんが持っている希望の炎に信仰という燃料を注ぐ人々と、それらを分かち合いましょう。

# 第3章　信仰に捉えられる

## サムエルの物語

ーーーーーーーーーーーーーーーーーーーーーーーーーーーーーーー

　息子が生まれ、サムエルと名付けるということを、主が私と夫の心においてくださったのをハッキリと感じました。私たちは、彼が生まれた時は本当にうれしかったのですが、二日目から、彼が身体的な接触に耐えられないことが分かりました。授乳するために抱くと、彼は激怒したのです。授乳期間の14ヶ月を終えましたが、それは簡単なことではありませんでした。おむつを替えたり、服を着替えたりするたびに、彼は真っ赤な顔をして叫んだのです。

　彼は這うこと、歩くこと、話すことがとても遅く、2歳半の時に「自閉症」という言葉が初めて私の耳に入ってきました。私の心は完全に砕かれ、打ちのめされました。彼には大きな召しがあることを知っていましたが、この診断が命よりも大きく感じられ、彼の召しに対する希望が失われました。私は副腎の問題を抱えてしまい、やっとひとシーズン生き延びたような気がしました。

# THE PERFECT GIFT

彼が3歳の時に自閉症であると正式に診断され、私たちの旅路が始まりました。教会の礼拝に出席するとき、私は彼にすることを与え続けなければなりませんでした。常に彼の注意を引いていないと、ジッと座っていることができない彼は、奇妙な音を立てて床中を転がり回っていたのです。あちこち動き回り、まるでまとまりのないつむじ風のようでした。

幼稚園での一日がどのようなものか、私は全く分かりませんでした。彼には、何が起こったのかを私に伝える術がなかったからです。彼が私に一行分の言葉を伝えてくれるのは、月に一度ぐらいでした。小学一年生になると、何か気分を害することがあれば、言葉ではなく行動で処理をしていました。彼は、何週間も怒っている原因が何であるかを言葉で伝えることができないため、私たちはその理由を分からずに過ごす時がありました。

彼には独自の言語がありました。この年になっても、お風呂やシャワーを怖がり、トラウマになっていました。

3年後、主は私にモーニングコールをかけ、起こしてくださいました。私は打ちのめされた状態から抜け出し、顔を上げて、心の奥底から叫びました。この叫びは5年間続きました。初めてサムエルを見た時から、そして、心の奥底から「大丈夫！　大丈夫！」と叫んだ時からの記憶が明確に残っています。

神が目の前に現れ、実際に私の目を見てこう言ってくださいました。
「大丈夫」
その瞬間、私は自閉症のサムエルではなく、永遠のサムエルと繋がったのが見えました。それ以来、私はサムエルの目に安堵と自信を感じ、

少しの間、彼との繋がりを感じることができました。二度目からは、聖なる火が私の中に燃え上がり、サムエルが牢獄から解放され、救い主であるイエス・キリストが支払ってくださった自由を完全に手に入れ、召しに向かって歩き出すのを見ました。この期間、サムエルが自由の身になっていくのを見ました。

他にも、サムエルの変化に気づいたことがありました。彼が6歳のとき、私たちの教会にゲストスピーカーが来られ、サムエルのために祈ってくれました。それから1ヶ月もしないうちに、彼の進歩がますます顕著になってきました。彼は1ヶ所にじっとしていることができるようになり、私の言っていることを聞くことができるようになりました。以前は、常に動いていて、何が起こっているのかが分からない状態でした。違いを見るには十分だったのですが、まだ完全に明確なものではありませんでした。しかし、彼は正しい方向に一歩踏み出していました。

突き進んできたこの5年の間に、私たちには大きな変化が幾つかあり、何度か危険を背負ったこともありました。2015年9月、サムエルをIEP(個別指導計画)があり、常勤の助手がいた公立学校から、キリスト教の私立学校に転校させました。彼に対するすべての支援を離れて別の学校に転校するのは恐ろしいことでしたが、私たちは主の促しに従いました。

公立学校では、彼は一日中人と一緒にいましたが、今は、私が彼を誰もいない場所に連れて行き、皆がしていることを彼にさせなければなりません。しかし、彼に何が起こったのかを見て、私たちは衝撃を受けました。彼は学術的な基準に到達するだけでなく、すべてAという評価をもらい、学校が嫌いだったのが、好きになり、態度が非常

に悪い生徒だったのが、毎日レポートに「極めて優れた生徒」と書かれるようになりました。また、常時支援が必要だったのにもかかわらず、今では支援を必要とせず、助けもなく、IEPもなくなりました。彼の周りにある神の雰囲気がそのような違いを生み出したのです。また、私たちは、主が食べ物や他の家庭用品を有機栽培のものに変えるよう促しているのを感じました。創造の初めに存在していた園での生活はどのようなものだったのかを受け入れた時に、健康がもたらされました。

今、サムエルはとても幸せでのんびりした10歳の男の子で、9歳の弟と親友です。視線を合わせたり、誰とでもあらゆる会話を楽しむのが得意です。私たちはとても深いことを話し合っていますし、彼は昔のことを思い出したり、今の自分との違いを考えることもできます。よく気付き、誠実な男の子になりました。これまでも思いやりがある子どもだったのですが、今ではさらに思いやりが増し、人を抱きしめるのが大好きです。また、素晴らしい想像力を持ち続け、父親のように芸術的で何時間もスケッチをします。完全に健康になり、はるかに幸せで、主を愛しています。

これまで、私たちは、彼のアイデンティティの一部として自閉症を受け入れたことはありませんでした。必要な支援を受けるために診断を使うことはありましたが、それ以上に、私たちは彼を普通の子どもとして扱い、限界を設けずに彼の良さを引き出してきました。もちろん、これは彼に恵みと必要な空間を与えるという点でバランスがとれていました。微調整が必要な難しい状況でもありました。彼が自分自身と他人との違いを質問してきたとき、私たちは「あなたは唯一無二

の存在で、克服すべきこともあるし、受け入れるべき有意義なこともある」と説明しました。毎晩、私は「忘れないで。神様はあなたをサムエルと名付けたのよ」と彼に伝え、神が私たちの脳と身体に完全な正しさを与えてくださったことと、イエスが支払ってくださったすべてのことに感謝し、祈っています。

5年間、私たちはキリストの執り成しに同意し、恵みの御座の前に立ち続けました。その代償として、サムエルには自閉症の症状がほとんど見られないという報告書を受け取りました！　神経が高ぶっている時にシャツを嚙むなど、ちょっとした打ち破りが必要なことがまだいくつか残っていますが、医師によると、自閉症になるほどの症状はもう出ていないというのです。
以下が、サムエルの報告書の一文です。

*2017年10月現在、彼はもはや障害者ではない。*

神はご自分のことばに忠実なお方です。信仰と神の力ある約束に固く立つことによってのみ、勝利を得ることがあります。神はとても親切で、戦いに打ち勝つために必要なものをすべて与えてくださるお方です。
癒しを待ち望んでいる両親に励ましの言葉を与えることが出来ればと思います。画期的な出来事が起こったらいつでも褒め、心から感謝することをお勧めします。なぜなら、「小さな」打ち破りでさえも、私たちの家族にとっては本当に大きな打ち破りだったからです。これが真理です。それらの打ち破りには、私たちが必要とする希望、励ま

し、信頼、そして強さすべてをもたらす力があります。

　また、主への証として、起こった好ましい事柄をすべて記録することをお勧めします。そのような画期的な出来事を全部記録しておけば、イスラエル人が記念碑を建てた時のように思い出すことができるからです。たとえそれが、他の人々にとって重要なことではなくても、主がその瞬間に何をしてくださったかを、皆さんは知るのです。輝かしいことがあまり起きない日々には、進歩を見ることもなく、悪化しているように見えるかもしれませんが、すでに起こったことを振り返り、自分の信仰を守ることができます。そうするなら、生きる力が与えられます。忘れないでください。主が私たちの息子、サムエルに関する約束を与えてくださったように、主は、私たちが見ているものよりもはるかに偉大な贖いのご計画をお持ちです。主のご計画に協力し、あなたの家族のためにそれを握りしめ続けてください。

# 打ち破りの鍵

クリス・ゴア

　サムエルの母親は、息子が生まれる前に神が息子に対して語られた約束に信仰をおき、その信仰に捉えられました。癒しのミニストリーをする旅路において、奇蹟が起きるのに十分な信仰があるかどうかを知りたいと祈っている人々から、信仰について聞かれることがよくあります。もし、彼らがイエス・キリストを主として、救い主として受け入れているなら、その質問の答えはいつも同じです。「はい、十分な信仰があります」。ローマ人への手紙 12 章 3 節には、「…神が各自に分け与えてくださった**信仰の量りに応じて**…」と書かれています。素晴らしい知らせです。つまり、最大の信仰で満たされた日にも、最悪で絶望的な日にも、私たちのうちに信仰が存在していることを意味します。信仰とは、私たちのうちに抱く感情ではなく、うちに住んでくださる忠実なお方に気付くことなのです。

　ヘブル人への手紙 12 章 2 節には、「**信仰の創始者であり完成者であるイエスから、目を離さないでいなさい。この方は、ご自分の前に置かれた喜びのために、辱めをものともせずに十字架を忍び、神の御座の右に着座されたのです**」と書かれています（英語では、「私たちの信仰の創始者」）。多くの学者は、実際には、「私たちの」という言葉を削除して、単に「信仰の創始者であり完成者であるイエスから…」と読むべきだと考えています。私たちは天との共同作業の一端を担っていますが、信仰とは私たちの信仰ではなく、イエスの信仰です。このサムエルの物語において、母親は、自分たちの状況について具体的に祈る時間を確保することによって、心で感じたことを行動に移しましたが、彼女を 5 年間支えたのは自分の信仰ではなく、キリストの信仰に目を向けたことでした。

子どもたちに打ち破りが起こるよう、さらなる信仰を得るために何をすべきかを考え、偉大な信仰を得るための答えを知りたがっている家族が多くいます。偉大な信仰を持つ答えは、実は簡単なことです。それは、信仰について心配するのを止めることです。

　誤解しないでください。信仰は天の通貨であり、信仰なしに神を喜ばせることは不可能です（ヘブル人への手紙11・6参照）。しかし、私たちは自分自身の信仰に焦点を当てることによって、信仰が強められるのではなく、むしろ、それをキリストの信仰に結びつけることによって、信仰が強められるのです。イエスの信仰は揺らぐことがありません。私たちがイエスに目を向けるとき、祈りや感情の中に自分の信仰を見出すのではなく、むしろ、人として来られたイエスの本質に信仰を見出すのです。イエスが生み出してくださり、うちに住まわれる信仰は、私たちがイエスと時を過ごすことで生まれてくるのです。

　キリストの信仰に焦点を合わせるとき、その信仰に導かれて自然に物事を行なうことができるようになります。子どもの進歩を見るとき、自分と一緒にお祝いをする人たちが誰なのかを知ることは重要です。あなたの家族を支えてくれる人々を探し、子どもの人生に語られてきた約束や預言的な言葉に同意してください。私たちは、1人で生きるようには創造されていないのです。

## 考えましょう4

　マタイの福音書17章20節に、こう書かれています。「**まことに、あなたがたに言います。もし、からし種ほどの信仰があるなら、この山に『ここからあそこに移れ』と言えば移ります。あなたがたにできないことは何もありません**」。この約束を忘れないために、実際にからし種を手に入れ、このみことばか、聖霊があなたの心に置いてくださったみことばのそばに、その種をセロテープで貼ることをお勧めします。その種を見る度に、不可能なことは何もないことを思い出してください。

## 考えましょう5

　子どもは、親の言うことは何でも真実だと思っていることが多いのです。彼らは「信じてみよう」ではなく、ただ、「信じる」のです。両親の心を知っているからです。時間をとって子どもらしい純真な心に近づいて下さい。信仰に満ちた御父を尊敬する子どもの目を通して、あらゆる困難な状況を見てください。御父は、あなたに何を見せてくださるでしょうか。

# 第4章　イエスの教え

## ヴィオの物語

　私たちが、息子のヴィオは他の子どもたちと違うことに気付いた頃、私の夫は力強い夢を見ました。その夢の中で、私たちはクルーズ船に乗っており、私たちの船室に爆弾がありました。この爆弾が爆発すれば船は沈没し、皆が死に、それは私たちの責任であると分かっていました。時限爆弾がチクタクと音を立て、夫がそれを開けに行きました。一瞬にして爆発することを期待していましたが、それを見て彼は「しまった」と口にしました。爆弾ではなく、包装紙で包まれた箱が入っていたのです。その箱の中には、チクタクと時を刻んでいる美しい金色の時計が入っていました。大きな損害をもたらし、死を招き、致命的で破壊的に見えたものは、贈り物でした。

　私たちはすぐに、その夢がヴィオに関するものであることを知りました。当時、私たちは「爆弾」のような感覚で生きていました。正直に言うと、ヴィオの世話をすることが、私たちの命と結婚生活を弱らせていました。生活のあらゆる面が爆弾のように感じられ、すぐにでも爆発しそうで、常に細心の注意を払わなければなりませんでした。その夢の後で、ヴィオは私たちにとって美しい贈り物であることに気付きました。彼は、小さな金色の時計でした。

ヴィオは長男で、自閉症だったのですが、大きな打ち破りを体験しました。彼の人生における最初の3ヶ月間は、すべてが上手くいっているように見えましたが、その後、何かが違うことに気付きました。彼は視線を合わせたり、笑ったりせず、身体がいつもダラリとしていました。最初の1年で、何かが間違いなくおかしいことが明らかになりました。

そして、彼は叫び始めたのです。どのような理由があろうと、叫んで、叫んで、叫び続けていました。彼をあやすのが大変で、彼を連れてどこへ行くのも困難でした。ありがたいことに、今は克服していますが、当時、ヴィオのことをとても恥ずかしく思っていました。他のお母さんたちとどこかへ行ったり、子どもたちと遊ぶ約束など、到底できませんでした。ヴィオが彼らと全く違うので、恥ずかしく感じていたからです。

彼が歩き始めたとき、私は他のお母さんたちがいる公園へ連れて行きました。子どもたちは砂場や遊び場で一緒に遊んでいましたが、ヴィオはそうしませんでした。彼は逃げては消え、私はずっと彼を追いかけていました。そのため、他のお母さんたちと関係を築くことができず、とても孤独な生活を送るようになっていきました。自分たちの状況が恥ずかしくて、外出するより、ただ家にいる方が良いと考えるようになりました。

その時期、私たちは外界から離れた狭い世界に生きていました。ひどい時期でした。この時に作られた、特に痛みの伴う記憶があります。

夏、家の中でヴィオにお手上げ状態でいると、外で遊んだり、笑ったりして楽しんでいる人たちの声が聞こえました。彼は太陽に敏感だったため、私たちは家の中にいただけでなく、ブラインドを閉めなければなりませんでした。最も暗い時であり、地獄でした。クリスチャンだった私は「主よ。私の人生は終わりました。今、私に何をしてほしいのですか」と神に叫び求めました。

2010年から2011年にかけての冬に、初めてかすかな兆しが見えてきました。私の夫は大学教授で、トロント大学へ行くための奨学金をいただくことになりました。彼は、1学期の間だけ私たち全員でそこへ行くことを提案しました。「11ヶ月の自閉症の男の子にそんなことができるのか。冬に旅行するなんて。馬鹿馬鹿しい！」と、私は思っていました。

2011年の1月1日、私は具体的に主に願い求めました。ベッドの横にある数多くの本の中から、私がトロントに行くべきなのかを示す本を開くことができるようにと求めました。「とても明確に示してください。そうでなければ、行きません」と神に言い、山のように積み上げられている本から無作為に1冊を手に取り、それを開きました。その章の見出しの1つに「トロントがその答えだ」と書かれているのを見ました。その時、私は非常に落ち込んでいたため、興奮することができず、「これは明らかすぎる。悪魔の仕業に違いない」と思ってしまいました。

私たちはトロントへと準備を進めていましたが、それでも主に「2番目の証拠が必要です」と訴えました。私はヴィオとヒーリングルームへ行き、祈ってもらいました。その朝、他に3人の自閉症の子どもたちが祈りを受けていました。今までそのようなことがなかったので、私は、神がトロントに行く必要があることを私たちに再確認させてくださっていることを知りました。「主よ。あなたは本とこの状況で示してくださいました。今日、ヴィオに癒しがあるに違いありません」と、心の中で思っていましたが、癒しの祈りを受けても何も変わらないように見えま

した。

宿泊しているところにバスに乗って戻ろうとしたとき、女性がソーキングルームに行かないかと誘ってくれました。私たちはソーキングを体験したことがなく、ヴィオがそのような部屋に長くいることができないことも知っていました。他の人が神に集中しようとしている間、彼が走り回って彼らの気を散らすのが想像できました。それにもかかわらず、彼女は試してみるようにと説得し、私たちはそこで打ち破りの最初のしるしを見たのです！

日常生活において、ヴィオは5分以上同じ場所に留まることはありませんでしたが、私たちは3時間半もソファに座っていたのです。その頃、ヴィオはほとんど話すことができませんでしたが、彼は私にこう言いました。

「ママ、聖書から何か読んでくれる？」

私はずっと詩篇を彼の耳もとでささやいていました。トロントは私たちの物語において重要な部分を占め、恵み深い神は、確信を2度も与えてくださいました。

その頃、ヴィオはイエスや御使いを見るようになり、今でも定期的に御使いと会い続けています。ある日曜日のことが忘れられません。私たちは教会へ行き、夫は礼拝中ヴィオと一緒に空いているバルコニー席にいることを決めました。突然、ヴィオが指を差し、興奮して
「パパ、パパ、見た？　イエス様がそこにいる！」

と、ささやき始めました。当時としては非常に珍しいことで、ヴィオは父親に直接話し掛けたり、何かを指差したりする子どもではありませんでした。男性が賛美をしていたので、夫は彼を指差しているの

かと尋ねました。しかし、ヴィオは
「違う。彼じゃない！」

と、誰もいない角のところを指差しました。とても興味深かったので、夫は、イエスはどんな人かをヴィオに尋ねました。ヴィオはためらうことなく答えました。
「イエス様は明るい長い服を着ている。髪の毛は黒くて、顔に髪の毛が生えている（あごひげのこと）」

数日後、ヴィオは父親に、
「パパ、イエス様が日曜日に僕に話しかけてくれたんだ。『ヴィオ、君は賢くて尊い』だって」

そして、イエスはこうも言ったそうです。
「ヴィオ、風について行きなさい」

想像してみてください。ヴィオは4歳で、話すことも、言葉を並べることもほとんどできませんでした。しかし、これらのことを言ったんです。今まで「賢い」「尊い」「風」という言葉を一度も使ったことがありませんでした。その当時、彼の言語能力は正常に機能せず、限界があったからです。「風」という言葉は聖霊と神の臨在を表し、私たちにとってヴィオの人生における方向性が現された瞬間でした。

私が子どもたちと一緒に家にいたとき、御使いとの二度目の出会いがありました。ある晩、私は眠れずにゴロゴロと寝返りを打っていました。心配事がたくさんあり、思いの中を駆け巡り、眠れませんでした。ヴィオは隣のベッドに横になっており、確かに眠っていましたが、突然、私にこう尋ねました。
「ママ、どうして心配なの？　僕の天使が、ママが心配しているって

言ってた。心配しないで。大丈夫だよ」

すごい！　日常生活において霊的な領域と会話をする術を知っているなんて。ヴィオが御使いについて話すのは、麗しいことです。2人の御使いには、名前さえもあると言うのです。しかし、さらに重要なことは、御使いたちがいつもイエスを指差しているということです。イエスのことはとても明白で、御使いたちは自分たちが悪用されたり、どのようなことがあってもイエス以上に崇められることは決してないのです。ヴィオが霊の領域とどのように関わっているのかを知り、とても感動しました！

ヴィオにある程度の改善が見られましたが、他の人と交流したり、共感したりすることは、まだできませんでした。起こっている事柄を結び付けて考えることができないのです。彼の弟がヴィオと遊びたがっているのを見て、私は心が痛みました。兄弟の絆も私たちとの絆も奪われていました。家族全体の絆が奪われていました。そのすべてが変わろうとしていることを、私たちは全く知りませんでした。

義妹が、クリス・ゴア師が書いた本を買ってきて、私に読むよう勧めてくれました。癒しを受けたホープという少女の証が書かれた章があったからです。私は、ホープに関する章を読んで興奮しました。「この人に連絡しなければ」と思い、彼がメッセージをする日程を調べた結果、その年、ドイツで私たちが住んでいる場所からわずか数時間で行ける所に彼が来ることが分かりました。そこに行かなければならないという衝動に駆られ、計画を立て始めました。

クリス師が導いているヒーリングルームに行く2日前の夜、ヴィオと一緒に学校まで歩いているとき、彼が言いました。

「ママ、昨日、夢を見たの。とても変な夢だった。イエス様が僕のところに来て、言ったんだ。『パンを食べ、ワインを飲みなさい。わたしはあなたにいのちを与える』って。ママ、僕、ワインを飲んでもいいんだって。僕はまだ子どもだから、ワインは飲めないけど、昨日の夜はずっとワインを飲んでたよ」

私は驚くと同時に心が捉えられ、何をしたのか彼に聞くと、「それから、パンも食べた。とても、とても、おいしいパン」と答えたのです。イエスが息子を訪ねてくださり、聖餐を教えてくださったのです。後になって、この聖餐の啓示は、クリス師にとっても非常に重要なものであることが分かりました。

> 「イエス様が僕のところに来て、言ったんだ。『パンを食べ、ワインを飲みなさい。わたしはあなたにいのちを与える』」

ヒーリングルームへ行く前の晩、私は、午前中に専門医に診てもらうことをヴィオに伝えましたが、専門医がヒーリングルームであることは言いませんでした。教会まで車で行くと、彼は別の夢を見たことを教えてくれました。彼は言いました。

「ママ、昨日の夜、また夢を見たの。僕は穴の中にいて、出られなかった。その時、イエス様と友達がやって来て、こう言ったんだ。『わたしたちは、君を自由にするためにここにいる。君は2度とそこに戻らなくてもいいんだよ』って。イエス様が僕を穴から引っ張り出してくれて、僕は自由になったんだ」

教会に到着したら、イエスの友達を探さなければと決めました。

ヒーリングルームに着き、その日、ベテルチームと地元の教会スタッ

フの愛に、私たちは大きな祝福を受けました。そのビルに入った途端、ヴィオは

「ああ、天使がたくさんいる！」

と叫びました。ヴィオの人生にとって、最高の日を過ごしました。イエスと御使いたちが自分のためにも、他の人々のためにも偉大なことをするのを見て、彼はとても喜んでいました。

クリス師のチームの1人が私たちに会ってくれ、障害のある子どもたちのための思いを分かち合ってくれました。その瞬間、息子の心が開いているのを感じました。彼女は、まず私のために祈っても良いかと尋ねてくれましたが、私はヴィオのためだけにそこにいたので、その言葉に驚きました。彼らが祈っているうちに私は泣き始め、息子が私を見上げてドイツ語で「泣いてるよ。ママ、感動してるんだね」と言ったので、さらに涙がこぼれてきました。私の目の前で、ヴィオが今まで理解したことのない私の感情を、理解し始めたのです。

彼らが私のために祈ってくれた瞬間に、何かが変わりました。まだヴィオのために祈ってもいなかったのに、です。彼らはさらに私のために祈ってくれたのですが、ヴィオが踊りたいと言い出しました。それも彼にとって新しいことでした。ですから私たちは、彼が教会の舞台の上で自由に踊っているのを見ながら、話をしました。彼らは、私たちが車で3時間かけて家に帰らなければならず、夜の礼拝に参加することができないことを知っていたので、私たちが出発する前に、クリス師と一緒にヴィオのために祈るように手配してくれました。

クリス師が入ってくると、ヴィオは叫びました。

「あの人だ！　夢に出てきた人だ。イエス様の友達だ！」

クリス師は彼のために祈ってくれましたが、そこには目を見張るほどのことは起きませんでした。目に見える変化はなく、ヴィオはクリス師にただ抱きしめてもらい、父親がするように優しく揺さぶられていました。すると突然、「とってもうれしい！　喜びが頭にやってきた！」と舞台の上で踊り始めたのです。その後で、これも今までになかったことですが、私にコーヒーを持ってきてくれたのです。母親である私にとって、美しい瞬間でした。彼は私の必要と私を幸せにする方法を認識したのです。彼はコーヒーを注ぎ、砂糖をたくさん入れてくれました。コーヒーよりも砂糖の方が多かったと思います。今まで飲んだコーヒーの中で最高に最悪なコーヒーでした。本当に幸せでした！

家まで3時間の道のりを車で移動し始めたとき、突然、ヴィオがドイツ語で「ママ、共感ってどういう意味？」と聞いてきました。皆さんが初めて外国語を読んだり綴ったりする時にそうするように、彼は「共感」という言葉を大袈裟に発音していました。「共感」というドイツ語は、大人でもあまり使わず、50％くらいの人にしか知られていない言葉です。代わりに使う別の言葉がありますが、ヴィオは明らかに「共感」という言葉について尋ねてきました。私は、共感とは他人の気持ちを理解し、感じる能力のことだと説明しました。彼にどこでその言葉を聞いたのかを尋ねました。彼は、

「イエス様が、僕がこれから共感を学ぶと耳元でささやいたんだ。だから、僕は何を学ぶのかを知りたかったんだ」

と答えました。自閉症の子どもにとって、相手の気持ちを理解することは非常に困難なことです。私は、神がなさったことであるとハッキリと分かりました。そこで、私たちは共感するヴィオを宣言する面

白い曲を作りました。彼は「共感」という言葉を叫んでいましたが、私は彼がこの言葉を口にした時に放たれた霊的な影響を感じ取ることができました。車の中で、私たちはとても楽しい時を過ごしました。

ラジオをつけてみると、ＤＪが「V」から始まる曲だけを聴きたいと言っていました。ヴィオは、これは自分のことだと確信しました。「ヴィオ」という名前は「V」から始まるからです。私たちは「V」から始まる歌をすべて新しい歌詞で言い換えて歌うというゲームを続け、彼の癒しとすべての病気の癒しのゆえに、イエスに栄光をお捧げしました。力強い時でした！

> 彼は「イエス様が、僕がこれから共感を学ぶと耳元でささやいたんだ。だから、僕は何を学ぶのかを知りたかった」と答えました。

その後の日々は、良い時もあれば、悪い時もありました。ヴィオに新しい癒しの痕跡をいくつか見つけましたが、何かが彼を穴に戻したがっているという印象を持つこともありました。毎晩、私たちは彼の癒しを宣言し続けました。イエスが聖餐について教え、授けてくださった夢を見た後で、ヴィオは聖餐の時をもち始めました。そこで、私たちは彼にパンと葡萄ジュースを与え、イエスが十字架の上で彼のために得てくださった新しい命を彼が宣言するのです。非常にユニークで楽しい方法で聖餐を導くことに、衝撃を隠せんでした。

私たちは今、想像できるあらゆる場所で最後の晩餐をいただいています。イケア、マクドナルド、どこででも最後の晩餐をいただきたがるのです。私がこの証を分かち合っているちょうど今日、ヴィオはケバブのパンとレモネードを手に「では、最後の晩餐をいただきましょう」と言い、私たちはトルコ風ケバブレストランで最後の晩餐をいただきました。

彼はとても真剣に聖餐を受け取り、導いています。聖餐は聖なるものであり、深遠であり、楽しいものであり、美しいものでもあります。聖餐に関する啓示も受け取り続けています。イエスがヴィオにパンとワインを手渡したとき、イエスは「ヴィオ、君は生きる！」という意味の「Vio du sollst leben!」と言い続けていたことを教えてくれました。最後の晩餐は、時が始まる前から一人ひとりのために天で計画されていたように、いのちの回復に関するものです。私はそれをヴィオから学びました。

ドイツでの集会以来、共感、社会的な交流、霊的な出会いの領域で最も顕著な打ち破りが起こりました。また、自分が自閉症でどのような状態であったのかということにも気付いています。ヴィオはこう言っています。

「僕がそこ（自閉症）にいた時は、何も手に入らない気がした。頭の上に、いつも覆いが掛かっているような感じがしてたんだ」

また、多くの友人は、彼の霊にある新たな優しさを見ています。彼は感情にとても敏感になり、あの日、車の中でイエスがおっしゃられたように、彼に共感を教えてくださいました。今や、彼は人々の感情を読み取ることができるようになりました。今日も、私の気持ちを察し「ママ、悲しいの？　悲しそうだね。どこか具合が悪いの？」と聞

いてくるのです。以前は、弟と接することがなかったのですが、今では、弟が悲しみや恐怖を感じていると、弟を勇気づけようとします。悲しみや恐れの感情を認識するのも、弟とこのように接することも奇蹟です！　社会的なスキルを身につける分野で大きく進歩したことで、弟との関係と他者との関係が変わりました。今、普通の少年のように弟やいとこたちとつながり、じゃれ合っています。また、私たちが長年願っていた、他のママたちや近所の子どもたちと遊ぶ約束もし始めました。なんて麗しいことでしょう！

ヴィオは、以前のように、わずかな刺激に過剰に反応して心をかき乱すのではなく、人に対して気を遣うことができるようになりました。ある時、彼は父親と電話で話していました。父親が「今、何してる？」と尋ねると、ヴィオは「音楽を聞いてる」と答えました。父親がどんな音楽を聞いているのかと尋ねると、「聖霊様の音楽」と答えるのです。音楽のような他の刺激があるのに、ヴィオが電話での会話に集中できるということは、本当に驚くべきことです。英語で歌われていた曲なので、彼には歌詞が理解できないはずなのですが、霊的な音楽と世俗的な音楽との違いが分かるのも、注目に値します。

母として、私も打ち破りを体験してきました。前にも言ったように、恥が私を覆っていました。最近、12年間連絡を取っていなかった友人に手紙を書きました。私たちは2人とも博士号を持っており、緊密に協力してともに研究に励んでいました。前回、共同研究に取り組んで以降、彼女は尊敬される教授になり、私はヴィオと他の2人の子どもたちのために専業主婦になりました。彼女が私に何をしていたのかと尋ねてくれたとき、私は自閉症の息子の世話をしていると書

きました。学問的な経歴を持ち、確かな評判を得ている人にとって、無駄で荒廃した生活のように聞こえるかもしれません。私が10年間障害児の世話をしなければならなかったこと、それが学問的な交流を全く持たなかった理由であることを彼女に気の毒だと思って欲しくありませんでした。

しかし、その手紙を書いたとき、「私が本を5冊も書かずに、ヴィオのお世話だけをしていたとは、なんと光栄なことだろう。彼のような麗しい人の隣にいて、彼と一緒に成長する特権が与えられていた。今までで最高の出来事だった。もし彼がいなかったら、私に霊的な成長はなかった」と思ったのです。もはや、恥は私の人生の一部ではありません！

ヴィオは、みことばと出会い、みことばによる啓示を頻繁に受け続けています。霊的に成長しています。神からの啓示に満ち、イエスにあって自分は何者なのかが正確に分かっています。彼が受け取っている啓示のレベルに、私は畏敬の念を抱いています。イエスと友人がどのようにヴィオを穴から引き出してくださったのかを話し続け、それが自閉症の穴であったことも知っています。彼は天に引き上げられ、イエスとの体験を続けています。

前回、ヴィオはイエスと一緒に天にあるジェットコースターに乗ってきました。私の頭では分かっていても、心ではまだ完全に克服できていないことが、ヴィオにとっては驚くほど明確になっています。ヒーリングルームで過ごした後、彼はクスクス笑いながらこう言いました。「僕はお金持ち。知ってる？　僕は完璧。ママと僕はとても大切な存在」

私が、なぜ、そのことを知っているのかと尋ねると、彼は

「昨日の夜、イエス様が全部教えてくれた」
　と答えたのです。
　彼の出会いの中には、私たちを驚かせるものがあります。ほとんどの人が驚きます。例えば、夫と私は、天国にいる誰もが持っている霊の庭の幻を見た男性の話を、車の中で聞いていました。その時、ヴィオは車に乗っていなかったのに、その夜、私たちのベッドに来て
「ママ、夢を見たの。あのね。僕には庭がある！」
　と言ったのです。彼は、その庭についてどのように知ったのでしょうか。続けてこう言いました。
「僕の庭には井戸があって、井戸の水は苦かった。そしたら、イエス様が歩いてきて、その井戸に何かを投げたんだ。だから、その水は甘いよ」
　ヴィオは、モーセが1本の木を水の中に投げ込み、水が甘くなった聖書の話を知りません。彼は自分の庭の話をし続けました。庭には壁があり、ある部分が壊されていて、どのように壊されたかを話してくれました。私はこの話を、イエスが息子を庭に連れて行くことで、魂を癒して下さったと理解しました。また、別の時に、彼は「クマー、クマー、クマー」と言って浴室から出てきました。クマーとは「悲しみ」という意味のドイツ語なのですが、彼くらいの年齢の子どもが使うような言葉ではありません。私が「どうしてその言葉を使うの？」と聞くと、彼は「悪魔が、僕の気分を悪くして悲しませようと言い続けている言葉」と答えました。私が「そう。でも、どうやって返事したの？」と聞くと、彼は「イエスの御名によって消え失せろ！　そしたら、すぐにいなくなったよ！」
　と言うのです。彼の答えは完璧でした。大人になるにつれ、私たち

は憂鬱な気分になったり、悲しくなるのは当然だと思いがちです。しかし、私たちの耳に、悲しみ、悲しみ、悲しみと囁いているのは悪魔だということに気付いていないのです。
　神は息子に、他の聖書箇所を並外れた方法で教え続けてくださっています。ある日、彼はこう言いました。
「ママ、洗礼を受けないと。水の中に入ったら、水の中で火がつくんだって。イエス様が言ってた。そして、起きたら、僕は回復するって」
　どのようにして、彼は水と火のバプテスマについて知ったのでしょうか？
　2016年のイースターに洗礼を受けましたが、それはコミュニティ全体にとって美しいものでした。彼は、学校の教室でも霊的な雰囲気を変えています。ある教師は、ヴィオが教え子になって以来、彼は彼女の教えに大きな影響を与えているとコメントしてくれました。聖書の真理を知っている彼は、彼女の授業の中で物事の核心に触れることを率直に語っているそうです。教師たちも深く感動しています。

　大人になるにつれ、私たちは憂鬱な気分になると、悲しくなるのは当然だと思いがちです。しかし、私たちの耳に、悲しみ、悲しみ、悲しみと囁いているのは悪魔だということに気付いていないのです。

　数多くの癒しがヴィオに起こりましたが、まだ癒されるべき部分があることを知っています。未だに大変な日もあります。彼には特定のものに対する執着があり、それに思いが向くと、すぐにそれをしなければ気が済みません。彼が欲しいものは、いつも、手に入れるのが難

しいものや、もう作られていないものが多いのです。彼は、生まれたばかりの妹のために特別な本を一冊欲しがっていたのですが、この本が私たちの家に届くまで、彼は毎日この本のことで頭がいっぱいでした。

　また、学問の領域、読解において、さらなる打ち破りが必要です。過去を振り返り、彼が以前見たもの、例えば、私たちがかつて住んでいた古い家のそばを走っていた赤い車などを、思いつきで何でも話すことがあります。まるで、彼が自閉症だった頃に失ったものを再現しているかのようです。

　この5年間で、私たちは最も驚くべき進歩を見てきました。神がヴィオを癒し、彼がさらなる栄光を受け続けることは間違いありません。たとえ、今後、何も改善されないとしても、私は一生、驚き続けることでしょう。しかし、私たちはさらに何かがあることを知っています。打ち破りに関する預言的な言葉を受け続け、それらをしっかりと握り締めます。夫と私は、主が子どもたちのために示してくださったことを宣言し、ごく小さなことにも神に感謝してきました。私たちは、すべての進歩を管理し、祝います。心の中で、イエスが息子のために十字架で支払ってくださったものすべてを求めることが、私の聖なる務めだと感じています！

> 心の中で、イエスが息子のために十字架で支払ってくださった
> ものすべてを求めることが、私の聖なる務めだと感じています！

# 打ち破りの鍵

## クリス・ゴア

　私たちが出会った日のことを忘れることができません。イエスが、聖餐の概念を持たない子どもに「パンを食べ、ワインを飲みなさい。わたしはあなたに命を与える」と語るということは、イエスにとって聖餐が重要であることを一層明らかにしています。私たちが出会う2日前の夜にヴィオが見た夢は、とても力強いものでしたが、そのタイミングも個人的には重要でした。

　何年もの間、私はイエスの血潮による啓示が増し加わるのを求めて旅路を歩んできました。イエスの血潮がどれほど多くのものを支払ってくださったのかを、より深く理解したかったからです。ヴィオと出会うちょうど6ヶ月前、私は「最後の晩餐の力」と題したメッセージを初めてベテル教会で語り、主から頂いた聖餐に関する洞察を分かち合いました。ですから、ヴィオが、夢の中で主が聖餐に与ったと言ったのは、意義深いことでした。

　聖餐は人生を変えるほどの影響力を持ち、今では私の日常生活の一部になっています。私たちは、伝統や宗教からではなく、カルバリーから流

れ出るいのちと力を思い出し、受け入れる日々の行為として、聖餐に与ることができるのです。私たちが健康に人生を歩むことができるよう、パンを手に取り、裂かれたイエスのからだに感謝し、へりくだる姿勢を表します。ジュースを手にする時も同様、ジュースが単なる罪を思い出させるのではなく、過去、現在、未来に犯す罪すべてを赦すイエスの血潮を思い出させてくれます。私たちが必要とするものすべての代価は十字架で支払われたのです。

　私たちの役割は、主のからだの重要性を理解することにより、成長し続けることです。コリント人への手紙第一の 11 章 29 ～ 30 節には、「**みからだをわきまえないで食べ、また飲む者は、自分自身に対するさばきを食べ、また飲むことになるのです。あなたがたの中に弱い者や病人が多く、死んだ者たちもかなりいるのは、そのためです。**」と書かれています。

「あなたがたの中に弱い者や病人が多く、死んだ者たちもかなりいるのは、そのためです」という聖句が示している理由は、何でしょうか。答えはその前の節、「みからだをわきまえないで…」にあります。多くの人は、この節を、もしあなたが聖餐を受けるに値しないのなら、という意味だと解釈しています。しかし、実は、この節は私たちのことを語っているのではないということをお伝えします。

　そもそも、聖餐をする理由であるイエスの血潮から離れたら、私たちには価値がありません。私たちのことを語っているのではありません。キリストの血潮とイエスが私たち一人ひとりのために支払ってくださった代価について語っているのです。私たちがどのように聖餐に与り、どのように主のみからだをわきまえるかによって、私たちが体験する恩恵が決まるということを、著者であるパウロは言っているのです。もし、私たちが「単なるパンとぶどうジュースだ」という態度で受け取るだけなら、それらはそれだけのもので、キリストのみからだと血潮の影響を受けたいのちを完全に体験することはありません。私たちが正しく主のみからだをわきまえるとき、癒しを得ることができます。

　前にも書きましたが、私たちには、障害があり、常に支援を必要とする成人した娘がいます。聖餐に関するメッセージを語る数週間前、私は、彼女に聖餐を与える夢を見ました。彼女は自分でそれを受けることができなかったので、私がパンとジュースを彼女の口に運ぶ必要がありました。

その時、主が「私のからだをわきまえ続けなさい」と、夢の中で聞き取れるように語ってくださいました。その場面がパッと変わり、彼女が自分で聖餐に与っているイメージが見えました。それは、主のみからだを正しくわきまえるとどうなるかを描いたものだったと信じています。癒しが流れることを期待して、御前に出て行けばいいのです。

## 考えましょう6

　　毎日、イエスとともに座り、子どもと聖餐に与る時間を見つけてください。イエスのみからだ、血潮、カルバリーで起こったことをわきまえてください。イエスの犠牲を通して、力といのちが流れるのです！「これは、あなたがたのために与えられる、わたしのからだです。わたしを覚えて、これを行いなさい。」(ルカの福音書22・19)

# 第5章　平安の回復

## トゥルーマンの物語

---

　私たちの息子トゥルーマンが生まれたとき、彼が成長する旅路が、他の兄弟たちと異なることを示すものは何もありませんでした。彼は、すべての親が夢見ているような、腕の中で安らかに眠る、穏やかで可愛い赤ちゃんでした。しかし、生後2ヶ月頃になり、彼が私の母乳に過剰に反応していること、おむつや衣服に過敏になっていることに気付きました。それ以外はとても元気に成長を続け、言語の発達さえも順調でした。

　しかし、11ヶ月に差し掛かった頃、突然、彼は言語能力のすべてを失ってしまいました。2歳になる頃には、混乱に満ち、いつも怒っていました。目が覚めてから寝るまで、文字通り腹を立てていたのです。もはや言葉が通じなかったので、代わりに、金切り声を上げていました。私は、混乱と不安の中にいました。何かがおかしいことはハッキリしていたので、彼の成長を評価する専門機関を探しました。

　彼らは一連の評価を始め、彼の能力について具体的な質問をしてきました。そして、分かりました。息子は、彼らが求めていることが何一つできなかったのです！　彼らは、2歳の彼を10ヶ月から12ヶ月の子どもの発達レベルにあると評価しました。私は「そんなはずはない！」と思い続けました。彼らが去った後、涙が止まらず、2歳児の自閉症の兆候をインターネットで検索しました。その瞬間、トゥルーマンがそれらの兆候に一つ残らず当てはまることに気付いたのです。

当初、彼にレッテルを貼られたくなかった私は、正式な診断を求めませんでした。その代わり、自閉症の子どもを自然に治す方法を熱心に学び始めました。特別な食事療法とサプリメントを彼に与えたところ、大きな進歩が見られました。彼は指を差し、再び様々なことをし始めました。私のあるべき姿の息子をもう一度見ることができ、本当に嬉しい時でした！私たちは懸命に取り組みましたが、彼は停滞期に入ってしまいました。進歩が止まったのです。彼は言葉を理解することができず、混沌とした状況が続きました。私が話しかけても反応せず、創作遊びをすることも、おもちゃで遊ぶこともしませんでした。それらは、彼の注意を引くことがありませんでした。私たち家族にとって、外に出ることは大変でした。外の世界の刺激が強すぎ、単に服の感触が気に入らないだけで、彼は崩壊してしまうのです。

私は、自分のするべきことは全てやりつくしたので、後は神に委ねるべきだと気付き始めました。「シャローム」という神の平安に関するクリス・ゴア師のビデオを見ました。その瞬間、主が私の心を引っ張ってくださいました。主は「自然療法を止めてほしいわけではないが、超自然的なことを軽視しないでほしい」と言われました。神が息子を癒してくださることは分かっていました。トゥルーマンが生まれる前から、主は彼の可能性を見せてくださっていました。

この旅路は、私が歩む信仰の旅路でした。私は今日という現実に生きていますが、同時に、明日に用意されている神の約束に生きていました。それは、2つのタイムゾーンを生きているようなものです。「望んでいることが起こるという証拠があればいいのに」と思い続けていました。そして、このことに気が付いたのです。

「あっ、証拠ならある。信仰よ！　だって、ヘブル人への手紙11章1節に、『信仰は、望んでいることを保証し、目に見えないものを確信させる』と書いてあるんだから！」

2016年3月、クリス師がやって来る2週間前に、私はトゥルーマンを取り巻く混乱をビデオで録画しました。彼はよく「自己刺激行動」をしていました。ストロボライトのランプを点け、音楽をできる限り大きくかけ、トランポリンで飛び始めるのです。最も混乱した状態でした。それから、クリス師が来る1週間前に、癒された人々が証をする集会に参加するために教会へ行きました。私はすべての証を握り締め、トゥルーマンの癒しが加速するように祈りました。その週、彼は「頬、舌、ありがとう、兄の名前、上、ミルク」など、25個の新しい言葉を覚えました！　奇蹟でした。

次の週、クリス師が私たちの教会で語りました。子どもは神からの完全な贈り物ですが、自閉症と彼らが閉じ込められている混乱は神からのものではない、という信仰を分かち合ってくれました。そして、シンプルに祈り始めました。

「シャローム。混乱を打ち砕く神の平安」

私たちもトゥルーマンのために祈りました。言わせて下さい。彼は平安の中を歩き始めたのです！　混乱が去っていきました！　次の日、主人と私は待ち望んでいた旅行に出かけ、一週間、家を空けました。兄弟たちはトゥルーマンの癒しを目の当たりにし、私たちが家に戻ってきたとき、信じられないことが起こっていました。以前と同じトゥルーマンではなかったのです！

語学力が飛躍的に向上し、今でも彼の理解力は日々向上しています。今では、私以外の人を抱きしめ、視線を合わせ、学んだ新しい言葉を

教えてくれ、おもちゃで適切に遊び、空想遊びをし、願いを伝えた後に辛抱強く待ち、声で伝える指示が理解できるようになりました。以前は、私が靴を取ってくるようにと言うのも聞こえないようでしたが、今では、私が言うことを理解し、指示に従うようになりました。彼の聴覚処理もさらに良くなっていることが分かりました。

　祈りを受けた後すぐに、身体を回転させる行動も完全に止まりました。今でも、トランポリンは好きですが、もうストロボライトをつけて、混乱するような音楽を流すこともなくなりました。着替えをする時には20分も泣いていたのに、今ではそれがずっと楽になりました。また、祈られる以前は食物アレルギーがたくさんありましたが、そのうちの5つが祈りの後すぐに癒されました！

　トゥルーマンが発達評価を受けるようになった時から、私はその資料を一枚残らず保存しておきました。彼が癒されることを知っていたので、神がしてくださったことを記録すべきだと思ったからです。クリス師がトゥルーマンのために祈ってくれた2日後、職員が別の評価をするために家にやって来ました。今までで最高の評価だったので、彼らは感動していました。

　職員の1人がクリスチャンの女性でしたが、彼女は必ずしも癒しが起こるとは信じていませんでした。評価の後、「私は、子どもたちがありのままの自分を愛してもらい、受け入れられるように祈るのが常でした。でも、祈り方を変えます！」と言ってくれました。

　数週間後に3歳になるというとき、トゥルーマンは年齢の関係上、今のプログラムから別のものへと移行する必要がありました。神の方法は素晴らしい！　彼らがトゥルーマンに会わなくなる直前に、神が介入してくださり、癒しを見せてくださったのです！

　現在、トゥルーマンは4歳で、言語の発達については完全に目標を達成しているわけではありませんが、自閉症は消えつつあります。彼は聡明で頭が良く、6歳の姉よりも速いスピードで文字を覚えます。私たちは毎日彼のために祈っています。そして、特に、私が自閉症について学んだ方法が、彼の身体に良い影響を及ぼすようにと祈っています。

　トゥルーマンは実に自分の身体を祝福し、医学用語をいくつか言おうとしています。自分のために祈る方法を彼に教えているのですが、その祈りはとても可愛く、同時に力強いものです。

　祈りの後、彼はすぐに癒され、混乱が収まりましたが、それでもまだ歩み続けている途中です。私たちの物語について分かち合っていると、希望を持つことを恐れている人が大勢いることに気付きます。彼らは口々に、「希望を持つと失望する」と言います。自分に正直になると、神は失望の神だと思うことがあります。そして、「祈った。何も起こらなかった。だから、神は私たちの祈りに答えてくれない」と自分に言い聞かせてしまいます。しかし、私たちが理解しなければならないのは、私たちの神は希望の神であるということです。

　神は私たちに希望を与えてくださいます。平安を与えてくださいます。希望は信仰の前触れです。トゥルーマンが完全に癒されると信じ難い時もあります。しかし、私の仕事は「いいえ、望みがある。そんなうそを信じるな！」と自分に言い聞かせることです。トゥルーマンは癒しを体験し、癒され続けてきましたが、私たちが常に希望をおくべきお方、イエスに目を戻す必要があります。

　目にしてきた進歩が素晴らしいのと同じように、私たちは、神は始められたことを終わらせるお方であるという確信を受け取ってきまし

た。トゥルーマンが完全に癒され、驚くべきことをすると知っています。そうなることが分かっています。それが起こるという確信が私の信仰です。神が教えてくださった例えを通して、皆さんに勇気を贈りたいと思います。

　パイを思い浮かべてください。パイの1切れ1切れは、神の側面を表しています。私たちはその側面を「食べる」ことも、その側面に関わることもできます。1切れ1切れには、癒し、アイデンティティ、繁栄、完全性という名前がついています。空白を埋める1切れもあります。ある人が神の「癒し」を食べているから、もうその1切れを食べることができないと考える人もいます。まるで、みんなで食べることのできるパイは1つしかないかのように。

　聞いてください。私たちはそれぞれ、パイを丸ごともらうことができるのです！　トゥルーマンが「癒し」の1切れを食べているのなら、あなたもそれを食べることができるのです！

# 打ち破りの鍵

## クリス・ゴア

　イエスのおかげで、私たちは全員、自分のパイを手にすることに感謝しているのではないでしょうか。トゥルーマンの母親は、イエスがすべての人に癒しを十分に与えてくださることを上手に表現してくれました。トゥルーマンの極端な自己刺激行動を癒し、家庭に平安をもたらしてくださったように、イエスは、他のすべての人が得ることのできるその平安を十分すぎるほどお持ちです。イザヤ書9章6節に書かれているように、イエスは平和の君です。特別な支援が必要な子どもを持つ多くの家族は、この物語に描かれている混沌とした感情に共感することができます。子どもたちは大切な存在ですが、時に、ストレスや混乱に打ちのめされそうになります。私たちも、個人的に非常に困難な時期を経験しました。しかし、周りにあるかもしれない嵐は、皆さんの中にある必要はないということを、もう一度思い出してください！

# THE PERFECT GIFT

　ヨハネの福音書14章27節で、イエスはこう言っています。「**わたしはあなたがたに平安を残します。わたしの平安を与えます。**」

　古代ヘブル語の「平安」という言葉は「シャローム」です。さらに詳しく調べると、「混乱を破壊する霊」です。また、「残す」という言葉の原語を見ると、財産を持っている人が遺産の全部を他人に譲ることを意味する「遺産贈与」です。それを知った上で、この1節をこのように読むことができます。

　「私の平安、私のシャローム、混乱を破壊する私の霊。私はあなたにそのすべてを残し、贈与します」

　イエスはすでに、天の平安を私たちに与えてくださっているのです。

　この1節は、マルコの福音書4章35〜41節に記録されている物語の中で、さらに生き生きとしたものとなっています。弟子たちは、嵐の中、イエスとともに舟に乗っています。彼らはすでに偉大な奇蹟をいくつか見ていましたが、舟の中でパニックになり、死ぬかもしれないと考えました。イエスを起こすと、イエスはただ嵐に向かって「黙れ、静まれ」と言っただけで、嵐はすぐに静まりました。

　私たちが実際に権威を持つことができるのは、人生の嵐に対してのみであり、私たちは、その嵐の中でも休むことを学ぶことができると、イエスは示してくださいました。自分の生活に不安、争い、恐怖、混乱が多いため、子どもたちのために平和な環境を作り出すことが非常に困難であり、安息できない人が大勢います。

　親として私たちが運ぶ平安は子どもたちに譲渡することができますが、自分が持っているものしか与えることができません。自閉症が癒された2番目の子どもは、私たちが母親に手を置き、最初に母親の上に天のシャローム、平安を宣言しました。その後で、母親が娘のために祈りに行き、娘が癒されたのです！

考えてみると、自閉症や他の病気、状態は、私たちの体内にある混乱にすぎません。イエスは、混乱を破壊するご自分の霊を私たちに遺産贈与してくださいました。イエスに感謝します！

　イエスが嵐の中で休息しておられたように、私たちも火の中で休む方法を習得することによって、打ち破りを受け取ることができます。ダニエル書３章に書かれているシャデラク、メシャク、アベデ・ネゴの物語が、このことをよく表しています。彼らは、ネブカデネザル王が建てた偶像を拝まなかったため、火の燃える炉に投げ込まれるという判決を下されました。その火は、彼らを滅ぼすために敵が送ったものであり、彼らを精錬するために神が送ったものではありません。火は通常の七倍も熱せられ、その激しさで火を入れた看守が即死したと書かれています。しかし、シャデラク、メシャク、アベデ・ネゴは火の中でも安息の場所にいました。王や看守たちは、炎の中で神の御子のように見える第４の者とともに、縄を解かれ、何の害も受けずに歩き回っている彼らを見ました。

　信仰の創始者であり完成者であるイエスに目を向けていれば、私たちは火の中でも安息を見つけることができるのです（ヘブル人への手紙12・2参照）。安息を得ているからといって、何もしないわけではありません。むしろ、神が私たちのために戦っているという信頼を積極的に置くのです。私たちにできる最善は、戦いは私たちのものではなく、主のものであり、主はすでに十字架で勝利してくださったことを知り、安息を得ることです。私たちがすることは、勝利が明らかになるのを見て、祝うだけです。

私と家族にとって最も重要で健全なことは、どのような状況でも神の平安のもとにいることです。敵の中でさえ、主は皆さんのために食卓を整えられるお方です（詩篇23・5参照）。あなたが火の中にいるように感じたら、恐怖やストレスと手を組むのではなく、ご馳走や安息をもたらすイエスの招待を受け入れてください。火の中で安息を得るなら、私たちは焼かれることはありません。シャデラク、メシャク、アベデ・ネゴが火の中にいたとき、焼かれた唯一のものは、彼らを運命から引き離す縄でした。神は、私たちの人生に、このような火を起こすお方ではありません。ですが、運命の中にあっても確信してください。私たちは神の平安を得ることができ、神は皆さんを勝利に導かれます。

## 考えましょう7

　家族に起こるあらゆる状況の上に天のシャローム（平安）を、毎日、宣言することから始めてください。それが子どもの身体であろうと、経済であろうと、神はあなたの周りにある嵐を静め、回復と癒しをもたらしたいと願っておられます。平安を失ってしまったのなら、それが去ってしまった瞬間を振り返り、あなたのうちに住んでおられる平和の人である聖霊の臨在に再び近づいてください。

# 第6章　揺るぎない信頼

## ダビデの物語

---

　朝の日課を進めていると、神が「今日、何があっても私を信頼するか」と語っているのが聞こえました。息子を妊娠し、15週目の出来事でした。私は「もちろん、あなたを信頼します」と答えました。一瞬、赤ちゃんに何か問題があるのではないかという考えが頭をよぎったのですが、私はすぐにそれを払いのけ、午前中の残りの時間を担当医からの診察を受けるために費やしました。そこで、なぜ神がその質問をささやいたのか、という現実に直面しました。

# THE PERFECT GIFT

私たちの物語の続きを話す前に、息子のために神を信頼することの重要性を伝えなければなりません。妊娠する前から、神が、私たち家族のために彼を与えてくださっていることを知っていました。ある日、教会に座っていた私は、何気なく、もし妊娠したらどのような名前にしたら良いかと神に尋ねました。正直なところ、神が答えてくださるとは思っていませんでしたが、突然、すべてが静まり返り、真っ暗になり、牧師の言葉が聞こえなくなりました。「ダビデ」と書かれたラスベガスにあるネオンサインのようなものが点滅しました。点滅している光は稲妻（いなずま）のようで、雷（かみなり）の音が聞こえてきました。それはとても大きく、明るく、派手な光でした。「ダビデ」という名前を否定することができませんでした。私は聖書の中でダビデが一番好きな人物なのですが、正直なところ、私は違う名前をつけたいと思っていましたし、夫もそうするだろうと思っていました。もし、本当に神が息子のためにその名前を用意してくださっているなら、神は私も夫をも納得させてくださると考えました。

そう思った途端、私の霊が「ジャスティン」という名前を聞きました。ジャスティンは私の義理の兄弟の名前でした。そこで私は夫の方を見て、「ジャスティンのミドルネームは何？」とささやきました。驚いたことに、またショックなことに、彼は「ダビデ」と答えました。「私たちのためにダビデを備えてくださったんですね！」と神に感謝しました。

神が、どのようなことがあっても神を信頼するかと尋ねてくださった日まで、早送りしましょう。妊娠15週目ごろ、羊水が漏れ出し、私は病院に向かいました。女性の羊膜嚢は破れることが時々あり、自然に治癒することもあると聞きましたが、私の場合は違いました。私の羊膜嚢は完全に破裂していたのです！　羊水は、赤ちゃんが呼吸したり、肺を発達させるために必要なものなのですが、私の羊膜嚢の中には赤ちゃんが生きるのに必要な羊水が全く残っていませんでした。羊水はありませんでしたし、赤ちゃんが生き延びるために羊水を入れる方法もありませんでした。皆さんがその場にいない限り、「赤ちゃんは生きることができない」と言われた時の気持ちを想像することすらできないでしょう。

医師は、赤ちゃんがまだ生きているかどうか分からないまま、私に中絶するようにと勧めました。もし中絶しなければ、私は感染症にかかって死に至ると言われました。

この衝撃的な報告を耳にした私は、神が「ダビデ」という名前を与えてくださったことしか考えられませんでした。そしてその朝、神は、何を聞いても神を信頼するかと尋ねられました。ですから、私たちは最悪のシナリオの中にいましたが、「神様、あなたを信頼します」と言うことができました。中絶に同意するわけにはいきませんでした。赤ちゃんを見るために超音波検査を受けましたが、羊水が入っていない羊膜嚢の中に、動かない赤ちゃんの静止画像が写っていました。

私は以前から、赤ちゃんが男の子だったら、私たちのダビデであることが分かると考えていました。毎週行なわれていた超音波検査を何度も受けた後で、ついに神が尋ねてきました。

「私を信頼するために、男の子だと自分の目で確認しなければならないのか。」

私は「いいえ」と答え、その過程を通して神を信頼し続けました。そして、今、病室で横たわっている私を、誰も治療しようとはしませんでした。なぜなら、私の命が失われる危険があまりにも大きかった

ために、赤ちゃんを守ると言う私に、彼らは同意しなかったからです。結局、家に戻る私を管理してくれる人を見つけました。

11週間ベッドで安静にしていましたが、その間ずっと出血していました。ベッドに座っているだけで急に目眩（めまい）がして、意識がもうろうとします。目が覚めると、身体が麻痺して痛み、30分から1時間も動けなくなり、その後は夜通し大量に出血していました。11週の間に大勢の人が私のところに来て、この状況のために祈り、励ましの言葉をかけ、命についての話をしてくれました。厳しい見通しの中でも、私は赤ちゃんのことを休みなく祈り続け、私たちが受けた預言的な言葉を1つ1つ宣言し続けました。

そして、想像を絶することが起きました。夜中に目が覚め、トイレに入ったとき、ベッドから私が立っている所まで、血が滴（したた）っているのに気付きました。ベッドの方を振り向くと、枕も含めてマットレス全体が血で覆（おお）われていました。まるでホラー映画のワンシーンのようでした。夫が叫び始めたため、「私のためにしっかりして！」と叫びました。医師たちが赤ちゃんを取り去ることを知っていたため、私は病院に行くのが恐ろしかったのです。それに、その時はまだ26週間しか経っていませんでした。しかし、同時に、悪い状態であることも知っていました。すぐに母に電話して病院へ行きました。

人々の表情がすべてを物語っていました。全員が、目で「お気の毒に」と言っているかのように、私を見ていました。彼らは赤ちゃんを失うことになるだろうと思っていたのです。私は急いで手術室に運ばれ、赤ちゃんの鼓動を探すためにベッドに縛り付けられました。ある時点で、心拍が下がり始め、2人の看護師が入ってきました。彼らが

私を見ていると、突然、心拍が上がり、さらに6人がベッドを取り囲みました。心拍が止まるまで、同じことが2度繰り返されました。一瞬のうちに心拍が下がり、もはや上がることはありませんでした。「赤ちゃんは亡くなったと思います」という看護師の言葉が聞こえてきました。

しかし、その後、この状況で母親にとって最も美しい音が聞こえてきました。子どもの鼓動がまた鳴り始めたのです！ 医師も看護師も皆「動け！動け！」と叫び、数秒で帝王切開の準備が整いました。2分もしないうちに、私のお腹は切り開かれていました。夫は両手で私の顔を包み、顔を寄せてくれました。一瞬でも目をそらすと恐怖にかられるため、「私を見て！ 私を見て！」と叫んでいました。彼らが息子を連れて走り去ったため、私は彼をほとんど見ることができませんでした。彼の小さな身体はピンク色ではなく、全体が青ざめていました。私は夫に「行って」と叫び、彼は息子と一緒に走り去って行きました。

私は、薄暗い部屋に1人でしばらく座っていました。母が中に入ってきて、私の顔を覗き込みましたが、目を見ることはできませんでした。彼女は、この出来事のすべてを通して、私を擁護し、最もポジティブに考え、私と息子に関する預言的な言葉を語ってくれた人でした。その彼女の落胆した様子を見て、私はショックを受け、「この世ですべての希望を失ってしまった」と思いました。精神的に打ちのめされました。その後で、看護師が「本当にお気の毒です」という言葉を何度も繰り返していました。私が考えることができたのは、「息子に会う」ということだけでした。

彼らは私を車いすに乗せ、息子のいる部屋に連れて行ってくれまし

たが、彼のベッドを6、7人の医師が取り囲んで手当をしていたので、彼を見ることができませんでした。夫を含め、全員が顔を伏せていました。医師が私の方を向いて言いました。

「お気の毒ですが、管を抜かなければなりません。私たちは彼を生かしておこうとして、傷つけているのです。彼はしばらくの間、脳に酸素が供給されていなかったため、完全に脳死状態です。脳と脊椎に出血があり、実際には生きていません。心臓を維持しようとしているだけです」

私は、「神様、あなたは嘘つきではない！　嘘つきではない！」としか考えられませんでした。医師たちに、夫と話す必要があること、あきらめないで欲しいことを伝えました。私は、両親が待っている隣の部屋に連れて行かれました。当時、夫は病院で働いており、彼が一番恐れていたのは「植物人間」として子どもを維持することでした。「植物人間として生かすことはできない。息子にそんなことはさせられない」それが、彼の考えでした。

「神は嘘をつかない！　嘘つきではない！　ダビデだって言ったわ！　私を信頼しなさいって言ったの！」と訴えた私は、一瞬、戸惑いを感じ、息子が死ぬのではないかという疑いが湧き上がってくるのを感じました。もしあの子が死んだら、私が信じてきたことはすべて真実ではなかったことになります。だから、疑いに対して「ノー」と言ったのです。

父が部屋に入ってきたとき、私たちは互いに自分の要望を捲し立て、主張し合っていました。父が言いました。

「少し落ち着いて、祈ろう。」

父が祈り始めた瞬間、聖霊が部屋に入ってくるのを感じました。息子の命を守ってくださるよう、懇願したことを今でも覚えています。その瞬間、私は、聖書に書かれているイエスが血の汗をかいている時の場面に共感することができました。子どもの命を懸けて戦っているうちに、自分の身体が死んでしまうような気がしました。神に懇願し、妊娠中に聞いたすべての約束と、神は嘘つきではないことを宣言し始めました。

私たちが祈っていると、突然、息子に触れる必要があるという衝動に駆られました。祈っている間に、看護師が「お悔やみ申し上げます」と泣きながら2度、部屋に入ってきました。私は、医師にあきらめさせないようにと、彼女に叫びました。

再び、息子がいる部屋まで車椅子で連れて行ってもらいましたが、今度は、医師全員が後ろに立っていました。彼らは息子の命が消え去るのを待っていたのです。手術後、私は起き上がることができなかったので、4分の1ほどの小さな青い足しか見えませんでした。彼の体重は680グラム、身長は29センチしかありませんでした。とても小さい赤ちゃんでした。羊水が不足していたため、彼は子宮内で肺を発育させることができなかったのです。私は彼の小さな青い足に指を置き、霊で祈り始めました。医師は全員、何が起きているのか不思議がっていたに違いありません。彼らは私の後ろで沈黙し、静かに立っていました。私はダビデの命を助けてほしいと5分ほど神に訴えました。

残りの45分間は、ただ、神に感謝し、賛美していました。「神様、変です。この子は、ほぼ死んでいると言われました。あなたに感謝します」と心の中で神をたたえ、霊で祈り続けていました。その時、突然、母が私の隣に来て頭をもたせかけ、静かにこう言いました。

「息を吸ったみたいに、彼の胸が沈んだ！」

私は祈り続けました。母がまた私にささやきました。

「ピンク色になってきた」

私は母を見て少し微笑みましたが、まだ終わりではありませんでした。彼の胸が動くまで祈り続けました。彼は2度、呼吸したのです！

> 私が神をたたえ、霊で祈り続けていたとき、突然、母が私の隣に来て頭をもたせかけ、静かにこう言いました。「息を吸ったみたいに、彼の胸が沈んだ！」

彼らは私を押しのけて、息子をあらゆるものに繋ぎ始めました。その分野では最高位の医師であり、雑誌の表紙まで飾っていた医師が、私たちに話し掛けてきました。

「25年間、この仕事に従事してきましたが、このような子どもを見たことがありません。このように息を吹き返した赤ちゃんを見たことがないので、診断を下すことも、予測することもできません」

その瞬間、私は知恵に打たれました。長い旅路になると心で感じていたので、彼がそのようなことを言ったとき、「分かりました。ボールはあなたのコートにあります。あなたを信頼します」と神に伝えました。今晩一晩、命がもたないかもしれないし、もしもったとしても、彼は完全に脳死になるだろうと言われました。その晩、彼は一命をとりとめ、翌日、脳をスキャンしたところ、脳幹に乾燥した血液がわずかに残っていただけでした。彼らにとって、信じられない出来事でした。赤ちゃんの脳に異常がなかったのです！ 病院に何ヶ月も入院し、大変な思いをしましたが、ついに、私たちの息子、ダビデを家に連れ

て帰ることができました！

ダビデの命が取られるという恐怖がまだ心の中に残っており、その恐怖を思い出すことがあります。家に帰ることはできたのですが、肺のX線写真は蜘蛛の巣のようで、慢性の肺疾患にかかり、2、3年の間、何度も入退院を繰り返しました。彼が1歳の時に、頭に腫れがあるのに気が付きました。医師がスキャンを行ない、脳に液体がたまっていて緊急手術が必要かもしれないと言いました。私は気が狂いそうになりました。何とか切り抜けてきたのに、彼が死ぬのではないかという恐怖がまだ残っていたことに、私は気付いていませんでした。その時、友人の1人が私たちのために最もシンプルな祈りを捧げてくれました。

「イエス様、午前中に彼らがスキャンの画像を見て、液体が全くないことに気付きますように」

素敵でかわいい祈りだと思っていましたが、正直に言うと、それが実際に私たちの現実になるとは、あまり信じていませんでした。次の日の朝に手術の件で電話がかかってくる予定だったので、その夜は眠ることができませんでした。翌朝、電話が鳴り、

「昨日、私たちが何を見ていたのか分からないのですが、彼の脳には液体がないんです」

という声が電話の向こうから聞こえてきました。結局、手術は必要ありませんでした。あのシンプルな祈りが答えられたのです！ 私は、信頼するかどうかを神に尋ねられた時のことを、もう一度思い起こしました。

ダビデが3歳頃になると、発達や行動の違いが次第に明らかになり、

専門家たちは自閉症の診断について話し始めました。しかし、症状に関して異なる意見があり、明確な診断は下されませんでした。自閉症だと言う専門家もいれば、酸素不足が原因でこのような症状があると言う専門家もいました。私は、人に説明するのが簡単だったので自閉症と呼びました。息子の生活は専門家から始まり、理学療法、言語療法、作業療法、視力検査、そして肺と脳の医師によるフォローアップの予約で埋まり続けました。特別な支援が必要な子どもを持つ家族の多くがそうであるように、家族の生活に犠牲が伴います。この絶え間なく信仰を必要とする旅路には、確かに困難な時期がありました。夫がこの生活に耐えられなくなり、降参したのです。彼にとってすべてが負担となり、ある日、彼は去って行きました。

　私は、四歳になったばかりのダビデとたった３ヶ月の娘を抱えたシングルマザーになってしまいました。数ヶ月後、子どもたちを車に乗せ、カリフォルニア州レディング市でダビデの癒しを追い求めるために、人生の新しい章を始めることにしました。

　ベテル教会での私たちの旅路は、毎週土曜日に行なわれるヒーリングルームに行くことから始まりました。その頃はまだ、特別な支援を必要とする子どもたちのための日曜学校がなかったので、ヒーリングルームが私にとっての教会になりました。毎週土曜日の朝の数時間を、神の臨在に浸るのです。そこは今も昔も変わらず私の神聖な場所であり、最も貴重な時間です。子どもたちのチームがミニストリーをし、私のために祈り、家族のために預言的な言葉を与えてくれる人もいました。彼らは、私とともにダビデの癒しに同意してくれました。私たちが必要としていたものでした！

　ヒーリングルームで神の臨在に浸っていたその数ヶ月の間に、ダビデは、ついにおむつが取れ、自分でトイレに行けるようになりました。目の前で、目に見えるほど明らかな打ち破りが起こり始めていました！　また、その頃、ヒーリングルームを監督しているクリス・ゴア師から、自閉症の子どもたちに対してシャローム（平安）を語り、何名の子どもたちが癒されたかという教えを聞きました。その日以来、ダビデが発作を起こしてパニックに陥る時はいつも、彼の頭に両手を置いて「シャローム」とささやき始めました。すると、彼はゆっくりとゼリーのようになって動かなくなるのです。平安が彼にもたらされる瞬間でした。

　ダビデが５歳のとき、私の祈りが答えられ、特別な支援を必要とする子どもたちのための日曜学校「ブレイクスルー（打ち破り）」がベテル教会で始まりました。普通の日曜学校で行なわれる授業のようでしたが、子どもたちへのミニストリーをする人たちと、子どもたちのために祈るヒーリングルームのボランティアがともに担当することになりました。

　初めてダビデを日曜学校に預けたとき、私は大きな恐怖を感じました。彼の全人生において、私は１分たりとも彼のそばを離れたことがなかったからです。彼が生まれて最初の１年は、シャワーカーテンを閉めてシャワーを浴びることさえできませんでした。酸素を送っている管が抜けると酸素不足になって、唇が青ざめるからです。

　５年ぶりにダビデと離れて教会に行くことができました！　彼もそのことが大好きであることを、神に感謝します。ちょうどその頃、彼はさらなる癒しを体験するようになり、幾つか初めての体験をしました。ついに、「ママ」という言葉を口にし、固形食を食べました。ど

んどん進歩して行きました。また、初めて私の目を見ることができました。子どもとの心の繋（つな）がりやコミュニケーションがこれまでとは違うレベルに達した時ほど、気分のいいことはありません。時々、彼は私に近づいてきて、ただ私を見るのです。人が笑うと目がアーチを描くように形が変わるので、彼はそれがとても面白いと思っているようです。ですから、私の顔の前に自分の顔を出し、目を見て「アーチの眼」と言って私を笑わせ、それからお腹を抱えて笑い続けるのです。

長年の間、私は、イエスが息子に為してくださる様々なミニストリーを見分けることを学んできました。ダビデが何を考えていたのか、特に、彼が今のように話せなかった時に、何を考えていたのかを知りたいと思っていました。イエスは夜中にミニストリーをされるとよく耳にします。彼が保育器に入っていた４ヶ月間、私は一日中その部屋にいました。イエスは夜中にミニストリーをしてくださる、とよく聞いていたので、夜、家に帰る前に、一晩中息子にミニストリーをしてくださるよう神に求め、息子に歌を歌い、息子と一緒に遊んでくれるよう御使いに求めていました。

私たちが病院から帰宅した後、２、３歳になるまで夜に目を覚まし、時には１時間ほどおなかを抱えて笑っていました。今日に至るまで、夜中に目が覚めてはけたたましく笑っています。夜に何が起こっているのかをあまり話してくれませんでしたが、最近、彼は夜中に目が覚めると「イエスが僕のおなかの上にいた」と教えてくれました。それが何を意味しているのか正確には分かりませんが、神が彼に出会ってくださっていることは分かります。

またある時には、ヒーリングルームで、イエスがミッキーマウスのぬいぐるみを使ってダビデにミニストリーをしている、と３人の人が教えてくれました。そう言えば、息子は、毎日、ミッキーのぬいぐるみと鼻を突き合わせて話していました。自分の鼻をミッキーの鼻に押し付けて「私の息子。愛している」と何度も言っていました。

私は神との出会いを体験し、そのことによってダビデと神との関係の見方が変わりました。それまで、ダビデはぬいぐるみに話しているのだと思っていたのです。ある日、私が居間を歩いているとき、どこからともなくイエスの抱擁を感じました。後ろから腕をまわし、抱きしめてくださっているのを感じました。イエスが私に言われました。

「私の娘。愛している」

その瞬間、ダビデはミッキーのぬいぐるみに話しかけているのではないことに気付きました。大抵の場合、ダビデは自分が聞いたことを繰り返します。彼は御父が語ってくださった言葉をミッキーに繰り返して言っていたのです！　神は息子に出会ってくださり、ミッキーマウスを通して愛を語ってくださっていたのです。

彼の進歩はまだ少しずつですが、数年前と比べると、全く違う子どもになり、先生や専門家も感心しています。ある日、家にいる時に「ダビデ、どこにいるの？」と声をかけました。普段、彼はうなったり叫んだりするだけで返事をしてくれませんが、その日彼は「台所にいる」と答えてくれました。私はハッと息をのみ、泣き出してしまいました。ダビデが答えた。ほとんどの人にとっては、大したことではないように思えるかもしれませんが、彼が答えてくれたのです！　それは大きな打ち破りであり、さらに応答するようになっています。

ある日の朝、ダビデがイライラして「おなか」と言い続けながら、日曜学校に向かっていた時のことを覚えています。その時も、私は涙

を流してしまいました。彼は決して泣いたり、苦しそうな表情を見せたりしないので、どのような症状なのか分からないのです。頭から血を流していた時も、分からずにいました。彼はベッドに横になりました。彼が不快だと私に言ったのは初めてでした。自分の子どもがいつ痛みを感じているのか分からなかったのが、ついに、不快感を表現するという打ち破りを見ることができました。私は喜びに打ちのめされました。

以前は、ダビデは、興奮し過ぎて気分が悪くなっていたのですが、今では、むしろクスクス笑ったり、大声で笑ったりすることの方が多くなりました。信じられないほど賢く、アルファベットを3つの異なる言語で始めからも終わりからも言うことができるのです。ユーチューブで動画を1、2回見ただけで、手話を含む5ヶ国語で数の数え方を学びました。彼は特定のことが理解できないのですが、ほとんどの大人ができないような方法で物事を完全に理解するため、皆を驚かせ、圧倒しています。

最近、先生と私は、彼がウクレレを完璧に調律できるだけでなく、「天には御使い」という讃美歌も上手に弾けることを知りました。ダビデはいつもそうするのですが、ある日、日曜学校でウクレレを掴み、そつなく弾き始めたのです。私たちは全員、舌を巻いてしまいました！

日曜学校のクラスに入って数ヶ月もしないうちに、彼はミッキーマウスのぬいぐるみを置き去りにして、大人たちに話しかけるようになりました。今まで決してしなかったことをし始めたのです。今、彼は、彼らと完全な文章で会話をし、他の子どもたちを受け入れ、話をしています。ここに来始めてから2年が経ち、初めておやつを食べ、先生に、

一緒にキャッチボールをしてほしいと頼みました。先生たちは彼をとても愛してくれています。イエスが為してくださった、また今も為してくださっている癒しに圧倒され続けているのです。

ダビデの目もまた、癒しを体験しました。生まれた時に酸素に多く触れていたため、視力が極端に低下していました。医師たちは、眼鏡も手術も役に立たないだろうと言っていました。それは、神だけが癒すことのできる、神のコートに置かれた別のボールであることを信じていたので、私は心配していませんでした。ある日、ダビデの目を見たら、以前のように交差していなかったのです！　今でも、物を見る時は顔から数十センチ離れたところで見ますし、疲れている時は、目が少し交差しますが、以前ほどではありません。

彼がどのように他の子どもたちに仕えているのかを聞いて、私はとても感動しました。日曜学校の先生が教えてくれたことです。ある日、彼が毛布にくるまって揺らして欲しいと言ったので、先生の1人が毛布の端をつかみ、もう1人の先生は盲目の子どもがもう一方の端をつかむのを手伝っていました。彼らが毛布を前後に揺れ動かしていると、突然、ダビデが盲目の子どもを見上げて「目」と大声で叫びました。その女の子が盲目であることが分かるほど、彼は近くにいませんでしたし、その時点で、盲目であることを知るほど、彼女と接したこともありませんでした。彼なりの方法で、彼は彼女に癒しを宣言していたのです。

そして、つい最近、脳性麻痺を患い、話すことも歩くこともできない若い女性と同じ教室にいたとき、ダビデは彼女に会えてとてもうれしかったので「こんにちは」と言い続けていました。そして、彼女に近寄って行き「僕に話して。僕に話して」と何度も言い続けました。

彼は心から彼女と話をしたかったようなのですが、そもそも、彼が社会的交流を求めていること自体が奇蹟であり、癒しの宣言でもありました。

　今では、私の合図にも気付いてくれます。私が少しイライラしているとき、彼はそれが面白いと思っているようで、近づいてきて私をつつき、私が感じていることから引きずり出してくれるのです！

　この旅路を通して、私はダビデがこれからも癒され続けるという希望を持っています。彼はここまで歩んで来ましたが、神にとってまだ終わりではないことを知っています。私は、自分が目にしたいと願っていることが実際に起こると宣言し続けています。

　「息子は、部屋の向こうから私を見ることができるようになります！　私に自分の思いを伝えるようになります！　自分の考えや感情をさらに上手に表現できるようになります！　私たちにとって、彼はいつもユニークで少し謎めいているように感じますが、いつか、娘と同じように、彼と話したり笑ったりできるようになります！」

　それまでの間、私は何があっても神を信頼し続けます。

> 彼はここまで歩んで来ましたが、神にとってまだ終わりではないことを知っています。

# 打ち破りの鍵

*アンジェラ・ロック*

　粘り強い：価値のあるもの、または望ましいものを維持、固執、または求め続けること。しつこさ、意志の強さ、根気強さ、決意、不動、忍耐強さ

　ダビデの母親を形容する言葉があるとすれば、「粘り強い」人です。イエスの言葉を信じるという彼女の決意は、山が動くのを見るほど、また、多くの人々の信仰と希望を再び燃え上がらせるほど確固たるものです。激しい信仰の持ち主です。神の良さを知りながらも、神と格闘し、神の御国が満ちるまで絶対に手放さない人です。ダビデの医師たちは、彼が生き続けただけでなく、期待以上に力強くなっていることを見て、彼女の信仰がもたらす影響を今だに感じているに違いありません！

3年ほど前に、私はベテル・ヒーリングルームでダビデと彼の家族に会いました。そして、ダビデは特別な支援を必要とする子どもたちのための日曜学校第一期生になりました。彼に起こった変化について説明する適切な言葉を持ち合わせている者は、誰もいません。驚くべき変化であり、その変化を見るたびに泣いてしまいます。彼が教室に入って来る度に、イエスの癒しの力と恵みが思い出されます。イエスは本当に信じられないほど素晴らしいお方で、私たちはさらに多くのダビデを見ています。

　この粘り強さを発揮できる場所が、神の心にあります。粘り強くあることが神の本質の一部であり、信じている者として、私たちもそれに近づくことができるのです。御父は、日々、揺るぎない愛と変わらぬ願いをもって被造物を追い求め、ご自分の本質を十分に表してくださっています。家族を数名失い、失望していた旅路を通して、私の人生を最も輝かせてくださったのは御父の粘り強さ、愛、そして恵みでした。

　人生には困難な瞬間があります。しかし、大切なのは、私たちがその時にどのような選択をするのか、その困難が自分の心や神学にどう影響するのか、どのように主と歩むのか、ということです。私たちが置かれている状況が神を定義するのではありません。どのような形であれ、私たちが許している状況が私たちを定義するのです。人生に嵐が来るとき、御父の心の奥深くに駆け込んでください。私たちに対する御父の偉大な愛をますます感じるために、試練と問題すべてが消え去るよう、御父の所へ行き、そして留まる必要があります。御父は皆さんの隠れ場であり、盾（たて）なのです！（詩篇119・114参照）

　聖書に登場する、私が好きなヒーローの1人にアブラハムがいます。ローマ人への手紙4章で、彼の偉大な信仰について知ることができます。ここでアブラハムは、国民の父になるという大きな約束を神からいただいていましたが、彼にはまだ子どもが1人もいませんでした。さらに、彼の妻サラの胎は死んでおり、彼自身は100歳くらいでしたが、聖書によると、「すでに死んだも同然」の身体であると認識していたようです。希望に満ちているようには全く聞こえません。しかし、18～21節を読むと、私たちは不屈の精神に満ち溢れます。

**「彼は望み得ない時に希望を抱いて信じ、『あなたの子孫は、このようになる』と言われていたとおり、多くの国民の父となりました。…不信仰になって神の約束を疑うようなことはなく、かえって信仰が強められて、神に栄光を帰し、神には約束したことを実行する力がある、と確信していました。」**

心が揺さぶられます。「かえって**信仰が強められて、神に栄光を帰し**」と書かれています。私たちの人生に語られた約束が実現するまで感謝し続けることが、私たちの信仰を成長させる鍵であると強調しています。

　神はアブラハムとの約束を守り、アブラハムは多くの国民の父となりました。あなたの人生において、神がご自分の言葉を実行なさると完全に確信するまで、イエスと２人きりになり、今いる場所で待っていてください。喜びの中でも、約束が完全に成就されるのを待っている時でも、ダビデの母親が保育器の中で彼の小さな足に触れた時と同じように、神に栄光を捧げてください。…手放してはいけません。神は今もこれからも、不可能を可能にする神なのです！　神はご自分の言葉を忠実に守られるお方です。

## 考えましょう8

　私たちには、何ヶ月も、何年も、祈り続け、戦い続けてきたことがあります。最近、神は、私たちがもう祈りをやめてしまったことでさえ答えてくださるお方であることを、思い起こさせてくださいました。私たちが絶望の中に残してきたものを、神は今でも信仰によって掴(つか)み続けておられます。そのことを神に感謝する時を持ちましょう。祈りの生活を再び燃え上がらせ、心にある大切な人々に対して強い望みを与えてくださるよう、神に求めましょう。

## 考えましょう9

　ダビデの母親が、神が息子を与えると約束してくださったことを知っていたように、神が私たち全員に与えてくださる約束があります。また、聖書に書かれているように、神が皆さんの心に書き記してくださる約束もあります。両方の約束を書き出し、それらをいつも目にできる場所に保管し、神が皆さんの人生に語ってくださったことを思い出す時を持ちましょう。

# 第7章　奇蹟を管理する

## ケンドラの物語

---

　ケンドラは私たちの素晴らしい娘であり、23歳です。3ヶ月の早産で生まれ、8ヶ月で耳が聞こえなくなるウイルスに感染しました。また、法定盲人、発達遅延、および自閉症と診断されました。2002年、彼女に繋留脊髄があり、脊椎の手術が必要であることが判明しました。その手術の結果、明らかに永久的な神経損傷を受け、失禁し、ベッドを濡らすようになりました。その問題は過去20年以上続きましたが、2011年、ケンドラの夜尿症が激しさと頻度を増し始め、少なくとも週に6回おねしょをし、2012年のクリスマスまで何ヶ月も続きました。

　私たちは途方に暮れ、ますます苛立ちが募り、ケンドラの自尊心がこれまでになく低くなってしまいました。2013年、私たちはケンドラの食事療法を変え、鍼治療が夜尿症に効くかどうかを見るために、彼女を自然療法医のところに連れて行きました。それにより、少し改善が見られましたが、ケンドラはまだ完全な打ち破りを体験しておらず、何ヶ月もの治療の後で、おねしょが週に4～5回続く時期を体験しました。

この数年前、私たちのケンドラとの奮闘を知っている友人が、ヒーリングルームについて教えてくれました。彼は、50年代から60年代にスポケーン市で行なわれていたヒーリングルームについて話してくれました。

当時、私はそのような概念を受け入れる準備がまだできておらず、興味はありましたが、その考えを6年間も仕舞い込んでいました。2015年、ビル・ジョンソン牧師のことを耳にし、ある日曜日の早朝、眠れぬ夜を過ごした私は、ユーチューブでビル師のメッセージを見始めました。それは力強いメッセージで、最後に、ベテル教会は癒しのために祈ることが大好きだと語っていました。

ビル師の招きは誠実で、その瞬間、神が語りかけてくださり、ケンドラをどこかのヒーリングルームに連れて行く必要があると感じました。ベテル教会は少し遠いように思えたので、友人が私たちの地域にあるヒーリングルームと連絡をとってくれることを期待し、彼にメールを送りました。まだ早朝だったので、私はすぐに返信が来るとは思っていませんでした。

メールを送ってから1分も経たないうちに電話が鳴りました。電話をかけてきたのはその友人でした。私はビル師が語ったメッセージについて話し、スポケーン市について、また、ベテル教会とヒーリングルームについて何か知っているかどうかを尋ねました。彼が返事をする前に、私は、なぜ日曜日の朝にそんなに早く起きているのかと尋ねました。彼は、まさにその朝、ベテル教会から戻ってきたばかりだと答えたのです！　彼が電話で私のメールを受け取ったとき、彼らはポートランド市に戻るために、長時間運転する準備をしていたそうです。私は唖然とし、その場でベテル教会にメールを送り、手話通訳の

準備ができるかどうかを尋ねることにしました。その日、私たちは集っている家の教会へ行き、礼拝の後、預言の賜物があると思われている女性に、ベテル教会へ行くべきかどうか知恵が与えられるように祈ってもらいました。私は、友人とのメールについて彼女に話すと、彼女は笑い始め、夫婦で先週ベテル教会から帰ってきたばかりであることを教えてくれました。

実は、彼らは数ヶ月おきにベテル教会に行っていたのです。理由を尋ねると、彼女の息子と友達がクリスマス休暇でベテル・スクールから帰ってきた時に、慢性的な膝の痛みが奇蹟的に緩和（かんわ）されたことを話してくれました。この4時間の間に、ベテル教会を知っているだけでなく、特に癒しのために頻繁に通っている、互いに知らない2人の人物から確信を得ました。私は愕然（がくぜん）としました。言うまでもありませんが、この時点で行く必要があることは分かっていました。私たちはこのことをケンドラに話し、彼女はそこへ行って癒されることに興奮していました！

私たちはヒーリングルームを訪問することしか頭にありませんでしたが、全く予想外のことが起きました。ベテル教会の主任手話通訳者に会いました。ベテル教会では、ケンドラが礼拝と癒しの時間をできるだけ多く取ることができるように手話通訳者2人を手配していただけでなく、ケンドラと彼女が抱えている多くの必要のために特別に祈るインターセッサー・チーム全員に会う機会を与えてくれました。私たちはすべてに圧倒されました。インターセッサー・チームはケンドラのために祈り、通訳者たちは終始手話で通訳してくれました。彼らは失禁だけでなく、自閉症や視力低下、彼女が直面してきたほぼす

べての問題についても祈ってくれました。それは本当に驚くべきことで、彼らのミニストリーに、私たちは心打たれました。

翌朝、私たちが目を覚ますと、素晴らしい知らせが飛び込んできました。ケンドラがおねしょをしていなかったのです！ 久しぶりにおねしょをせずに眠ることができた以外に、私たちが気付いた普通ではないもう一つのことは、ケンドラの反応でした。次の日、多くの聴覚障害者が、手話のサービスを受ける所で彼女に挨拶をしに来てくれました。

通常、ケンドラの自閉症の症状は、耳が聞こえる人々が周りにいる時に現れるのではなく、聴覚障害者が周りにいる時に現れます。彼女はアメリカ手話しか使いません。耳が聞こえる人は彼女の気分を害することはないようですし、彼女は彼らと話す必要がないことを知っているため、彼らの周りでは強い自閉症行動が見られないのです。しかし、聴覚障害者が周りにいると、彼らともっと交流しなければというストレスを感じるため、彼女の自閉症の症状がより強く現れることに気付いていました。もし以前に、手話で彼女に挨拶をしてくれる知らない聴覚障害者の人たちに囲まれたら、彼女はパニックを起こしていたでしょう。私たちは、彼女がこの状況をどのように対処するのかを見ていましたが、彼女は落ち着いていて、そのやりとりは非常に適切でした。聴覚障害のある老人たちが彼女の周りに集まって祈ってくれたとき、彼女はニコニコと微笑むだけでした。

> 翌朝、私たちが目を覚ますと、素晴らしい知らせが飛び込んできました。ケンドラがおねしょをしていなかったのです！

私たちが車で家に帰り始めたとき、ケンドラがしてきた最初の質問の1つは、いつ家に帰れるかというものでした。私たちが帰宅した時はクタクタに疲れていましたが、それでも前途洋々でした。その夜、ケンドラがベッドの準備をしていたとき、私たちは、ベテル教会に行けたこと、これから主が為してくださることに感謝をし、癒しを祈るために集まりました。その晩、ケンドラは再びおねしょをせずに寝ることができました。彼女はとても幸せでした。次の晩も次の晩も、おねしょをせずに寝ていました。3週間もおねしょをせずに寝ることができたため、ケンドラは自分の部屋に行き、ベッドからすべてのパッドとプラスチックのシートを取り外し、居間の床の真ん中に置き、「終わった。癒された」と、私に手話で伝えてくれました。この6年間で初めて、彼女は7週間続けておねしょをせずに寝ることができたのです。

私たちがベテル教会を訪問してからちょうど10日後、ケンドラは経過観察の予約をしていました。主治医が「最近、彼女はおねしょをしていない。全然していない」と記したのです。以下が主治医の報告書です。

主観

最近、彼女はおねしょをしていない。全然していない。とても興奮している。

(2015年8月21日に初めてベテル教会のヒーリングルームを訪れた直後に起こったことです。この7週間、一度もおねしょをしていないのは、私たちにとって奇蹟です。)

THE PERFECT GIFT

この癒しから7週間後、ケンドラは再び、時折、おねしょをするようになりました。私は、ベテル教会のヒーリングルームで癒しを管理することに関して学んだことを書いたノートを読み返し始めました。私の印象に残ったことは、神がどのように癒しを与えてくださるかということですが、私たちは、神が為してくださったことをどのように管理し、自分のものにすればいいのでしょうか。神が私たちに求めていることは何なのでしょうか。ケンドラと話をしたところ、だらしない生活習慣が問題の原因になるのではないかということが分かりました。彼女はおねしょが癒されたとき、それを維持する方法を知るための内面と精神面での洞察力を持ち合わせていませんでした。癒された今、ただリラックスしていればいいと感じていたようでした。ですから、私たちは、毎晩、彼女に知恵が与えられるように祈り、今では、この概念を自分のものにできるようになりました！　彼女は癒しを自分のものにしなければなりませんでしたが、それが可能であることに気付いたのです。現在、98％おねしょをせずに寝ることができ、残りの2％は生理の時だけです。これは、今、私たちが対処できる予測可能なパターンです。何年もの間、彼女は毎日のように闘ってきましたが、彼女がそれから解放されたことを私たちはとても喜んでいます。

このことはケンドラにとって大きな打ち破りとなりましたが、私たちがベテル教会に滞在していた時に、ケンドラが聴覚障害をもつ賛美者たちと交流しているのを初めて見て以来、さらに大きな打ち破りが明らかになり始めました。ポートランド市にいる介護者の1人は、ケンドラが幼稚園に行っていた時から彼女のことを知っており、私たち

がベテル教会から戻って間もなく、彼女は聴覚障害者たちとの交流がはるかに上手になっているようだと教えてくれました。

以前、ケンドラは、非常に限られた方法でやりとりをし、人々から離れて1人でいる傾向がありました。最近になって、知り合いの聴覚障害者との交流を求めるようになったこと、彼女の姿勢や安心感、社会的交流が全体的に著しく変化していることを、介護者が教えてくれました。加えて、祈りのチームが自閉症の癒しのために祈ってくれたことも、今、影響を及ぼしているようです。

ケンドラが、聴覚障害者のための宣教旅行でメキシコにあるクリスチャン聾唖者学校へ行きたいと言い出したとき、この癒しが顕著に現れました。片親とともにこの宣教旅行に参加するなんて、私たち夫婦にとって考えられないことでしたし、まさか、彼女がそのようなことを望んでいるとは思ってもいませんでした。それにもかかわらず、彼女は行くことを固く決意し、聴覚障害者のチームと何度かミーティングをした後で、宣教旅行のために全力を注ぎました。

「神を賛美します！」としか言いようがありません。本当に奇蹟です。色々な理由で、癒しの祈り以前のケンドラだったなら、そのような旅は全く不可能だったでしょう。その理由の1つは、行きたいとさえ思わない自閉症だったからです。様々な要因を完全に切り離して評価をすることは難しいため、ケンドラに自閉症の再評価をしてもらったことはありません。しかし、私たちはこの24年間ケンドラとともに暮らしていますが、彼女が癒しの祈りを通して注がれた力が現れる前よりもはるかに満足しており、人と関わり、社会的意識が高まっているのを見ています。

私たち自身も信仰が飛躍的に増し加わり、自分たちが体験してきた

こと、そして、最もありそうもない場所に希望だけでなく、癒しがあるということを、特別な支援が必要な子どもを持つ多くの親たちに伝えてきました。

　神が私たちの人生に、次になさることを見るのが待ちきれません。ケンドラは痛みを自己申告するようになりましたが、それは彼女にとって新しいことです。その過程を受け入れる度に、私たちは、神がいつも何かをしてくださるのを見てきました。ケンドラを通して多くの人々が学び、恩恵を受けてきました。彼女には人生を変える才能があります。

　私たちはまさに生き延びるだけで精一杯の状態だったため、自分のことばかり考えていました。しかし、今は違います。私たちは祈り、主は、ケンドラを含む私たち全員に、物事の本質を見抜く力を与えてくださいました。その力が次々と他の人々を助けるのです。

　イエスに全ての栄光をお返しします。イエスは良いお方です！

> **最もありそうもない場所に希望だけでなく、癒しがあります。**

# 打ち破りの鍵

クリス・ゴア

　キリストの癒しの力を目の当たりにすることは、驚くべきことです。しかし、癒しは神が与えてくださる最善ではない、ということを知っていますか。

　実は、神がもたらす最善とは、一生涯、神の健康のうちを歩むことなのです。神に触れられ、根本的に癒された人々が、数ヵ月後、以前と同じ症状で再び苦しんでいると聞くことほど悲しいことはありません。イエスは癒し主であり、癒されないお方ではありません。ある人は癒し、ある人は癒さないというお方ではなく、また、私たちが完璧に過ごせなかったからといって癒しを取り消すこともなさいません。良い贈り物を与えるお方であり、それは悔い改めなしに与えられるものなのです。

　では、症状が再発した場合、その症状を断ち切るにはどうすれば良いのでしょうか。具体的に癒しを管理する過程を、これから説明します。ケンドラの物語では、癒しを受け取った後、一時的に元の症状に戻ってしまいました。この期間、彼女は打ち破りの一因となった行動を自然にしなくなっていたことに気付きました。彼女は、癒しを管理することと神とともに働くという啓示を通して、自然に、そして超自然的に打ち破りを再び手にし、それを維持したのです。

何年も前に、メッセージを語る前の夜、このことについて考えていました。その夜、主は、夢の中で、癒しを管理するための6つの要点をハッキリと聞き取れるように語ってくださいました。この本には、それらの鍵が多く書かれていますが、この章では、特にケンドラの物語に関連する3つの鍵について簡単に説明します。

　最初の要点はとても具体的です。

　コリント人への手紙第一の6章19節には、私たちの身体は聖霊の宮であると書かれています。では、私たちはどのように聖霊の宮を管理しているでしょうか。できる限り、身体を大切にする必要があります。赦されるからといって罪を犯しても良いわけではないのと同じように、癒されたからといって、望むことを何でも自分の身体にして良いわけではありません。私たちはいつも恵みの下で生きていますが、その恵みには責任が伴います。恵みを理解することで、私たちは正しく生きることを願い、正しく生きることで健全な人生を送ることを願うようになるはずです。私たちが受け取ったものに責任を取らなければ、最終的にはそれを失うかもしれません。健康的な食事をし、運動し、身体を大切にすることはすべて、主に捧げる礼拝の行為なのです。

　このように自分の身体を管理することにおいても、私たちの贖（あがな）い主はイエスであることを忘れないでください。私たちの信仰はキリストの信仰にあり、ブロッコリーやカリフラワーにあるのではありません。ケンドラは、自分の身体を適切に管理することが自分の役割であることに気が付き、再び勝利を得たのです！

　2番目の要点は恥だと思わないことです。

　元の症状が戻ってきたとき、ケンドラと家族にとって恥を感じることは簡単なことだったと思います。癒しについて証した後に症状が再発すると、羞恥心（しゅうちしん）と罪悪感が入り込もうとします。再び祈ってもらうために祈りの場所に戻ることさえできず、打ち破りについて他の人々に分かち合うのを止めてしまうこともあります。

　「恥を知れ」という言葉を聞いたことがあるでしょう。しかし、私たちは「恥を捨て去れ」と言います。もし症状が再発してしまった場合、イエスという癒しの源に戻ることを皆さんにお勧めします。イエスが為されたすべてのことを祝ってください。イエスは本当に奇蹟的なことを為してくださり、その打ち破りを奪うことは誰にもできません。イエスを見つめ続け、祈り、そして喜びなさい！

最後に、忘れてはいけないことは、私たちがイエスとともに働いたとしても、癒しはすべてイエスの恵みによって起こるということです。

　ヨハネの福音書19章30節で、十字架でイエスは最後に「完了した」と語られました。十字架で全てが変わりました。律法が成就し、私たちはもはや律法の下におらず、神の恵みの下にいます。もし、神の恵みによって癒されると考えないのなら、私たちは常に癒されるために律法に戻るか、癒しを維持するために儀式に戻ることでしょう。神が受けるべきものを私たちが受け取ることができるよう、神は私たちが受けるべきものを引き受けてくださったのです！　自分の役割を果たしてください。あとは、神の恵みであることを忘れないでください。

### 考えましょう10

　管理することはとても重要です。管理するとは、自分の身体を適切に扱い、神が超自然を為してくださることに信頼し、同時に、神が為してくださったことを覚え、祝うことです。皆さんの家族がどのように癒しを管理すれば良いかを示してくださるよう、聖霊に求め、それを書き留めてください。聖霊は明らかにされるお方であり、そのことが起こるのをこの目で見る恵みを与えてくださるお方です。

### 考えましょう11

　この本の最後の考察として、彼らの物語を全て読んで受け取ったことを個人的に管理する方法を示してくださるよう、聖霊に求めてください。皆さんの信仰の歩みを刺激し続けることができる近しい関係の人に、聖霊が語ってくださったことを分かち合ってください。

# 結論

　人生の旅路は1つとして同じものはありませんが、それぞれ非常に価値あるものです。家族の方々と話す中で、私たちは彼らが通ってきた過程に心から敬意を払い、褒め称えました。医師の診断書による癒しの証明も、子どもに起きた単なる小さな変化の話も、私たちにとっても天にとっても重要なことでした。旅路において、自分自身や家族に新しい発見があった時はいつでも、皆さんが満ちたり、希望と喜びをイエスだけに見出すことをお勧めします。

　人生において、奇蹟が起きた時だけに満ちたりるものではありません。私たち家族は、娘が生まれてからずっと、彼女のために祈り続けてきました。そして、満ちたりることができる場所に住み、そこに留まり続けることを意識的に決めました。喜びは「内側」で働き、外部の状況に定義させてはいけないものです。

　私たちの家族には、今でも大変なことが起きていますか？

　はい、起きています。しかし、そのような状況でも、私たちはイエスがおられる場所を探します。そして、イエスは、いつもそこにおられるのです。

　序論に、シャーロットと過ごしていた苦しい時期に、クリス・バロトン師が私の人生に直接語りかけてくれた話を書きました。その会話の中で、今、私は大した人生を送っていないと感じていることも、彼に言いました。彼はこう答えてくれました。

　「クリス、これが今の君の人生だ。もし、奇蹟が起きなかったらどうなるだろうか。残りの人生を不幸に過ごすのだろうか」

　彼は不信仰だと言っているのではなく、視点が違うと言ってくれたのです。シャーロットが今日発作を起こしたかどうかによって満たされるのではなく、むしろ、イエス・キリストによってのみ、満たされるものです。私はこのことを世界中で教えてきましたが、その日、新たな啓示が明らかになりました。

　この世界が崩壊しているように感じる時に、私たちがすべきことは、立ち止まり、息を吸い、自分自身に平安を語り、イエスを見つけることだけです。私たちの家族は、今できる限りの最高に幸せな生活を送り、満たし、希望、喜びの中に留まり、先のことを見越してイエスに信頼しています。

この本に書かれている物語は私たちの心を動かしますが、それ以上のことをする力があります。強い信仰と希望を解き放ち、私たち自身が持っている運命に対する預言をも解き放ちます。

黙示録 19 章 10 節後半に、「**イエスの証しは預言の霊です**」と書かれています。聖書に書かれている証を含む、私たちが今まで聞いたすべての証が、再び同じ奇蹟を起こす聖霊の力を運ぶのです。皆さんが今読んだ希望や癒しの言葉と同じことが、皆さんの人生で起こると預言しているのです。私たちは、これらの証を読むだけで、イエスが持つ癒しの力を体験することができると信じており、皆さんとご家族が体験する打ち破りを聞きたいと願っています。

## 最後に、祈りましょう

イエス様、この本を読んでくださったすべての方に感謝します。そして、あなたの良さと恵みを目にすることができるよう求めます。家族お一人お一人に、さらに大きな希望と信仰が訪れるよう、それらを解き放ちます。そして、どのような状況や状態にあっても、シャローム（平安）を語ります。イエス様、栄光と報いが満ち溢れますように！　アーメン。

# 動画と資料

以下の資料にアクセスするには、デバイスに無料の QR コードスキャナーをダウンロードするか、フォトアプリを使って、下記の QR コードを読み取ってください。動画を視聴することができます。または、下記の URL を直接アドレスバーに打ち込んでください。

www.chrisgore.org

---

## ベテル教会における特別な支援を必要とする子どもたちの洗礼式

ベテル教会では、日曜礼拝の時間に、特別な支援を必要とする子どもたちのためのミニストリーがあります。子どもたちの 1 人が洗礼をしたいと申し出てきたので、私たちは感覚により敏感な子どもたちのために特別な時間を設け、11 人に洗礼を授けました。水を怖がる子どももいれば、水から出たがらない子どももいましたが、ここで子どもたちに出会えたことは、神からの大きな恵みでした。私たちにとって最も美しくユニークな洗礼式の 1 つとなりました。彼らが持つ信仰の単純さを目撃し、癒しへの旅路を続けることができるのは、何という祝福でしょう。この動画を見るために右のコードをスキャンして、心が溶ける準備をしてください！

特別な支援を必要とする子どもたちの洗礼式

# 動画による教えとプライベート・フェイスブック・グループ

　下記の資料の一部は、私がご両親たちと頻繁に交わしていた会話から生み出された教えを5つの動画に収めたものです。さらに、「Healing is the Children's Bread( 癒しは子どもたちのパン )」というプライベート・フェイスブック・グループがあり、子どもたちの癒しを求める心を持った、特別な支援を必要としている子どもの親や介護者のために作られたフェイスブックです。ご両親たちが互いのために祈り、互いの勝利を祝うことができる励ましの場です。この旅路は私たちだけで歩むものではありません。これらの動画に直接アクセスするために、以下のコードをスキャンしてください。癒しの旅路に励ましと希望と信仰を見出すことができますように！

動画1　完全な贈り物

動画2　怒りをもたない

動画3　小さな変化を祝う

動画4　イエスにあって満ちたりる

動画5　天の平安

フェイスブック・グループ「Healing is the Children's Bread（癒しは子どもたちのパン）」

フェイスブックでクリスをフォロー
www.facebook.com/ChrisGoreNZ

ThePerfectGiftProject@gmail.com に皆さんの証を分かち合ってください。

# クリス・ゴア師による著書

超自然的な癒しの力に歩む
癒しの力に歩む実践ガイドブック
Overflow:A Daily Experience of Heaven's Abundance
（溢れ流れる：天の豊かさを日々体験する、未邦訳）

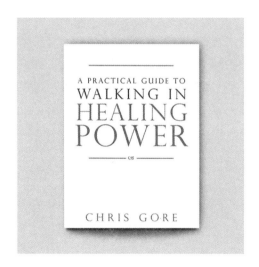

# パーフェクトギフト

2021 年 5 月 23 日　初版発行

著者　　　クリス・ゴア
　　　　　アンジェラ・ロック　　共著

翻訳　大東いづみ

定価　1600 円 + 税

発行所　(株)マルコーシュ・パブリケーション
　　　　千葉県茂原市東郷 1373
　　　　電話 0475-36-5252

装丁　　textum